近代经济生活系列

矿业史话

A Brief History of
Mining Industry in China

纪 辛 / 著

社会科学文献出版社
SOCIAL SCIENCES ACADEMIC PRESS (CHINA)

图书在版编目（CIP）数据

矿业史话/纪辛著. —北京：社会科学文献出版社，
2011.5
（中国史话）
ISBN 978 - 7 - 5097 - 1609 - 0

Ⅰ.①矿… Ⅱ.①纪… Ⅲ.①矿业经济 - 经济史 -
史料 - 中国 Ⅳ.①F426.1

中国版本图书馆 CIP 数据核字（2011）第 076070 号

"十二五"国家重点出版规划项目

中国史话·近代经济生活系列

矿业史话

著　者／纪　辛

出 版 人／谢寿光
总 编 辑／邹东涛
出 版 者／社会科学文献出版社
地　　址／北京市西城区北三环中路甲 29 号院 3 号楼华龙大厦
邮政编码／100029

责任部门／人文科学图书事业部　（010）59367215
电子信箱／renwen@ ssap. cn
责任编辑／宋荣欣　孔　军
责任校对／王明明
责任印制／郭　妍　岳　阳
总 经 销／社会科学文献出版社发行部
　　　　　　（010）59367081　59367089
读者服务／读者服务中心（010）59367028

印　　装／北京画中画印刷有限公司
开　　本／889mm×1194mm　1/32　印张／5.625
版　　次／2011 年 5 月第 1 版　　字数／103 千字
印　　次／2011 年 5 月第 1 次印刷
书　　号／ISBN 978 - 7 - 5097 - 1609 - 0
定　　价／15.00 元

总　序

　　中国是一个有着悠久文化历史的古老国度，从传说中的三皇五帝到中华人民共和国的建立，生活在这片土地上的人们从来都没有停止过探寻、创造的脚步。长沙马王堆出土的轻若烟雾、薄如蝉翼的素纱衣向世人昭示着古人在丝绸纺织、制作方面所达到的高度；敦煌莫高窟近五百个洞窟中的两千多尊彩塑雕像和大量的彩绘壁画又向世人显示了古人在雕塑和绘画方面所取得的成绩；还有青铜器、唐三彩、园林建筑、宫殿建筑，以及书法、诗歌、茶道、中医等物质与非物质文化遗产，它们无不向世人展示了中华五千年文化的灿烂与辉煌，展示了中国这一古老国度的魅力与绚烂。这是一份宝贵的遗产，值得我们每一位炎黄子孙珍视。

　　历史不会永远眷顾任何一个民族或一个国家，当世界进入近代之时，曾经一千多年雄踞世界发展高峰的古老中国，从巅峰跌落。1840年鸦片战争的炮声打破了清帝国"天朝上国"的迷梦，从此中国沦为被列强宰割的羔羊。一个个不平等条约的签订，不仅使中国大量的白银外流，更使中国的领土一步步被列强侵占，国库亏空，民不聊生。东方古国曾经拥有的辉煌，也随着西方列强坚船利炮的轰击而烟消云散，中国一步步堕入了半殖民地的深渊。不甘屈服的中国人民也由此开始了救国救民、富国图强的抗争之路。从洋务运动到维新变法，从太平天国到辛亥革命，从五四运动到中国共产党领导的新民主主义革命，中国人民屡败屡战，终于认识到了"只有社会主义才能救中国，只有社会主义才能发展中国"这一道理。中国共产党领导中国人民推倒三座大山，建立了新中国，从此饱受屈辱与蹂躏的中国人民站起来了。古老的中国焕发出新的生机与活力，摆脱了任人宰割与欺侮的历史，屹立于世界民族之林。每一位中华儿女应当了解中华民族数千年的文明史，也应当牢记鸦片战争以来一百多年民族屈辱的历史。

当我们步入全球化大潮的 21 世纪，信息技术革命迅猛发展，地区之间的交流壁垒被互联网之类的新兴交流工具所打破，世界的多元性展示在世人面前。世界上任何一个区域都不可避免地存在着两种以上文化的交汇与碰撞，但不可否认的是，近些年来，随着市场经济的大潮，西方文化扑面而来，有些人唯西方为时尚，把民族的传统丢在一边。大批年轻人甚至比西方人还热衷于圣诞节、情人节与洋快餐，对我国各民族的重大节日以及中国历史的基本知识却茫然无知，这是中华民族实现复兴大业中的重大忧患。

中国之所以为中国，中华民族之所以历数千年而不分离，根基就在于五千年来一脉相传的中华文明。如果丢弃了千百年来一脉相承的文化，任凭外来文化随意浸染，很难设想13亿中国人到哪里去寻找民族向心力和凝聚力。在推进社会主义现代化、实现民族复兴的伟大事业中，大力弘扬优秀的中华民族文化和民族精神，弘扬中华文化的爱国主义传统和民族自尊意识，在建设中国特色社会主义的进程中，构建具有中国特色的文化价值体系，光大中华民族的优秀传统文化是一件任重而道远的事业。

当前，我国进入了经济体制深刻变革、社会结构深刻变动、利益格局深刻调整、思想观念深刻变化的新的历史时期。面对新的历史任务和来自各方的新挑战，全党和全国人民都需要学习和把握社会主义核心价值体系，进一步形成全社会共同的理想信念和道德规范，打牢全党全国各族人民团结奋斗的思想道德基础，形成全民族奋发向上的精神力量，这是我们建设社会主义和谐社会的思想保证。中国社会科学院作为国家社会科学研究的机构，有责任为此作出贡献。我们在编写出版《中华文明史话》与《百年中国史话》的基础上，组织院内外各研究领域的专家，融合近年来的最新研究，编辑出版大型历史知识系列丛书——《中国史话》，其目的就在于为广大人民群众尤其是青少年提供一套较为完整、准确地介绍中国历史和传统文化的普及类系列丛书，从而使生活在信息时代的人们尤其是青少年能够了解自己祖先的历史，在东西南北文化的交流中由知己到知彼，善于取人之长补己之短，在中国与世界各国愈来愈深的文化交融中，保持自己的本色与特色，将中华民族自强不息、厚德载物的精神永远发扬下去。

《中国史话》系列丛书首批计 200 种，每种 10 万字左右，主要从政治、经济、文化、军事、哲学、艺术、科技、饮食、服饰、交通、建筑等各个方面介绍了从古至今数千年来中华文明发展和变迁的历史。这些历史不仅展现了中华五千年文化的辉煌，展现了先民的智慧与创造精神，而且展现了中国人民的不屈与抗争精神。我们衷心地希望这套普及历史知识的丛书对广大人民群众进一步了解中华民族的优秀文化传统，增强民族自尊心和自豪感发挥应有的作用，鼓舞广大人民群众特别是新一代的劳动者和建设者在建设中国特色社会主义的道路上不断阔步前进，为我们祖国美好的未来贡献更大的力量。

陈奎元

2011 年 4 月

⊙纪 辛

作者小传

　　纪辛，1961年生。毕业于中国人民大学经济学系。经济学硕士。现在中国社会科学院经济研究所工作。参与《中国近代经济史》第二卷（人民出版社2000年版）、第三卷（人民出版社2010年版）和《中国企业史·近代卷》（企业管理出版社2004年版）的撰写工作。已发表《论本世纪二三十年代中国的粮食进口》（载《近代中国》第六辑，立信会计出版社1996年版）、《1927～1937年国家资本主义在矿业中的恢复——以煤矿业为例》（载《中国现代化过程中的企业发展》，福建人民出版社2006年版）等专业论文若干。1998年参加第四次无锡保定调查并撰有相应的调查报告（《中国村庄经济——无锡、保定22村调查报告，1987～1998年》，中国财政经济出版社1999年版）。

目 录

一 序幕：近代矿业产生的条件逐渐成熟

近代矿业的第一（也即初创）时期，煤炭业占据主要地位。这也是中国近代矿业的一个重要特点。

煤在近代工业革命中被称为"动力之母"。在中国，采煤业也成为近代矿业史的起点。之所以如此，是有其特定历史背景的。

早在 19 世纪 40 年代，英国就开辟了从其本土到中国香港和上海的定期轮船航线。美国也在酝酿从它的西海岸横渡太平洋直达中国的轮船航线。第二次鸦片战争后，中国被迫开放北部沿海一带和长江中下游各通商口岸，外国兵商轮船便可以横行于从辽东到海南的漫长的中国海岸线和长江中下游。而那时，轮船的主要动力燃料是煤炭，它的消耗量随着轮运的增加而猛增。据统计，中国沿海外国轮船每年煤炭消耗量在 19 世纪 60 年代中期达到 40 万吨，当时每年输入上海的煤炭，由 50 年代后期的 3 万吨增为 70 年代初期的 16 万吨，其中大部分是供应外轮所需。这种长途运煤成本昂贵。美国驻华公使蒲安臣在 1864 年就指出：

"中国沿海的（外国）轮船每年消耗煤炭达40万吨，费款400万两。"而且，外轮所耗煤炭均由本土运来，这自然会影响其货运量。因此，外人一直寻找在中国可开采的煤炭资源。这种活动实际早在19世纪四五十年代就开始了。台湾基隆有着长期的手工开采煤矿的历史，其所产煤炭除供本地使用外，还部分地供应闽粤中外官商，间有运煤至香港者。外人对这个煤炭资源很是注意。1847年英国海军少校戈敦对基隆矿区进行了初步勘探后，认为煤炭蕴藏量丰富，煤质很好。他写了一份详尽的报告，在煤质和可能的产量及价格等方面作了说明，得到英国官商各方的注意。英商航行远东的大英轮船公司香港代理处，曾与台湾一中国商人签订了一份购煤700吨的合同，但实际上只供应了300吨。尽管如此，外人还是希望在华就地得到煤炭供应。1843~1875年，外国资本为掠夺中国的原料和土特产，在华设立了砖茶厂、缫丝厂、制糖厂、玻璃厂、铁器厂。为在中国发展航运业，先后在港、沪等地开办了一些轮船公司，比较大的有美国的旗昌轮船公司（1861年设立）和英国的太古洋行（1867年设立）、怡和洋行（1877年设立，1881年开始长江航运）。在19世纪70年代中期，外资在华经营的近代企业已有约50个。这些企业也需要消耗大量的煤炭。而这一时期，无论是外轮还是外资在华企业所需煤炭，绝大部分来自英国、澳大利亚和日本。外煤运费高昂，1872年，上海市场的英国煤每吨售价11两，澳大利亚煤为8两，日本煤质量差，每吨售价也要5.5两。外国资本家迫切希望能在中国买到廉价的煤炭。

自 19 世纪 60 年代起，洋务派为了"内堪自立，外堪应变"，鼓吹"自强"，而"自强"又必须"求富"，这样就兴办起一批军事工业和民用企业。据统计，1861～1894 年期间，洋务派们共建立起规模不等的近代军用企业 19 个，其中 1875 年以前建立 13 个。规模较大的有 1865 年创立的江南制造局，用于制造兵轮、枪炮、水雷、子弹、火药；1866 年创建的福州船政局，专门修造轮船；1865 年建立的金陵制造局和 1867 年建立的天津机器局，侧重制造枪炮、子弹、火药。为了解决军用企业所需原料、燃料及军工产品的运输问题，洋务派又于 1872 年创办了轮船招商局；为"分洋人之利"，"求富"，一系列近代民用企业如上海织布局（1879）、湖北织布官局（1890）和汉阳铁厂（1891）相继创办。这些军用工业和民用企业所消耗的大量燃料全部依赖从国外进口，价格昂贵且难以保证供应。当时就有人顾虑：一旦中外关系紧张，洋煤进口难免困难，届时上述企业就会燃料短缺而停工坐困，轮船亦寸步难行。

当时，中国手工煤窑产量很小，不能保证供应。造成中国手工煤窑产量低的原因，主要是中国属自然经济，手工采煤多是农余副业，以自采自用为主。若有少量销售，多是就地出售；若用笨拙运输工具（尤其在铁路出现前的北方）运往远地销售，则运费很高，价格根本无法与洋煤竞争。例如，1866 年京西斋堂煤矿吨煤采掘费虽仅 2.5 两，但经由牛车辗转运送到天津市场，出售价格每吨达 12 两。即便如此，贩运者也几无利可图。另外，落后的开采技术严重制约了手工煤窑产量的大幅度提高。传统的采煤技术相当落后，采煤靠镐刨，运输靠人背或拉筐，提升用辘轳算是比较好的，排水靠人担、戽，或用牛皮包提、水龙抽，通风全靠自然风流。如开采深度增大，涌水量加大，则必须用大部分人力排水，不但工效甚低，成本高昂，而且在涌水量大的纵深煤层中，靠人力排水常常是不可能的。因此，手工煤窑无法深采，主要是挖取露头煤及近地表的浅部煤，煤质低劣，因而亦常为近代企业所不取。再则，从经营方式上看，旧式煤窑多系小地主小商人或各农户集资开办，资金有限，扩大经营困难，加之煤窑工人多系当地农民，农闲多挖煤，农忙则不挖煤，并不具备新式煤矿所必需的大量、长期稳定受雇佣的条件。

就当时世界的采煤技术而言，已经达到了相当高的水平。采煤业是工业革命中最早使用蒸汽机的一个产业部门。而蒸汽机是第一次工业革命的标志。蒸汽机在采煤业的广泛使用，使得西欧的采煤技术突飞猛进。到 19 世纪上半叶，西欧国家煤矿中已广泛使用以蒸汽为动力的提升机、通风机和排水泵。地质勘探用的蒸汽冲击钻机也在 19 世纪初出现并得到推广应用，为探明深部煤层储量提供了可靠的技术手段。进入 19 世纪下半叶，煤矿回采掘进工作面使用的采掘机械也陆续出现。气动冲击式凿岩机在 19 世纪中叶发明之后，当时已在煤矿中广泛推广应用。1866 年，以蒸汽为动力的圆盘式截煤机在英国出现。尤其令人瞩目的是，19世纪下半叶，西欧资本主义国家进入第二次工业革命时期，发电机、电动机的发明，电力的应用，给工业生产提供了远比蒸汽动力更加强大而方便的能源。蒸汽时代即将过去，电气时代就要到来。各工业部门都处于机械设备更新换代的前夜。煤矿业也不例外。这就给中国引用西方的先进采煤技术开办新式煤矿提供了保证。

采煤业需要大批劳动力，而且需要有一批长期雇佣的工人，才能保持正常生产。不能像手工煤窑那样，农闲生产，农忙停产。这一劳动力条件，到19世纪中叶，中国已经具备。其实，自清中叶以降，中国人口剧增，人地矛盾即已十分突出。社会上游民日多，人口失业现象已经十分严重。到了19世纪中叶，由于外国资本主义的侵入，中国的自然经济受到破坏，大量洋货的涌入，使得成千上万原来依靠家庭及城市手工业为生的人破产，加之土地兼并的加剧，封建剥削的加强，也迫使大批农民离开土地。这样一支巨额的失业大军，只要哪里有一线谋生之机，便会立刻蜂拥而至。新式煤矿的出现，正给了他们出卖劳动力的机会。

没有丰富的煤炭储量，开办新式煤矿就无从谈起。这一点，那些洋人比中国的官僚们要清楚得多。自19世纪40年代以降，有不少洋人，其中包括许多著名的地质学家，如德国的李希霍芬（Ferdinand von Richthofen），在西方列强各种官方及民间机构的大力支持下，对中国进行了详尽的考察，以当时的勘测技术估计，仅山西一省煤炭储量就有 18900 亿吨，可供全世界用 1300 年，这个估算给予列强以巨大的鼓舞。具有讽刺意味的是，洋务派官僚也由此获得了筹办新式煤矿的有力依据。

兴办新式煤矿的最后但并非最不重要的一个障碍——清廷统治集团中的顽固势力，在内忧外患的严峻现实面前，仍然以中国特有的阿 Q 精神对社会生活的一切变化都抱极端仇视和顽固拒绝的态度。在他们看来，新式工业等完全是"奇技淫巧"，主张坚决予以禁止。但这批人已即将为历史所淘汰，连清廷中枢都不得不面对现实，为维护统治必须有应变之术，必须"自强"，随之而来的就必须"求富"，这些在当时被称之为洋务派的众多人物其实从政见到具体措施分歧诸多且深，但较之顽固派们，总的来讲还是能顺历史潮流而动的，而且他们多为平定"发捻"，挽救清王朝统治的"中兴名臣"，深为最高决策层所倚重；这些人的所见所识，所作所为，也确较常人技高一筹，故而他们积极筹建新式煤矿得到中枢的有力支持。顽固派们的竭力阻挠，兴办新式煤矿的障碍，终于被扫除了。

二 举步维艰：中国近代第一批矿业企业的出现

 从试办到正式办矿

中国最早试办新式煤矿是在直隶（今河北）磁州彭城，是直隶总督李鸿章为了解决机器制造局和轮船招商局的用煤，根据英商海德逊（James Henderson）的提议而筹办的。海德逊在1874年春前往磁州探寻煤山，见该地出铁甚富，且与煤窑相近，又有水路通往天津，便建议李鸿章在磁州开采煤铁，以煤化铁。李为"铸造军需要器"，当即札委江南制造局冯骏光和天津机器局吴毓兰筹建。但此矿并未办成。主要问题是，在复查资源时发现储量不多，且矿地距水道太远，运输困难；另外，在订购机器时经费不足。加上当地人民反对官府强占民地办矿，此事遂寝。

在筹办磁州煤铁矿的同时，李鸿章又密谕直隶候补道盛宣怀调查中国地面产煤铁之区。1875年5月，盛宣怀秉承李鸿章旨意，密函候选知县张斯桂到湖北武穴、蟠塘等处调查旧煤窑，查得湖北广济县阳城山一带煤产颇多，煤质尚好。盛初拟招商集资试办，后又改议官办，经李鸿章、翁同爵（湖北巡抚）批准，成立"湖北开采煤铁总局"。1876年1月，李鸿章、沈葆桢、翁同爵会奏：拟请委派盛宣怀会同李明墀（时任汉黄德道）试办开采鄂省（广济、兴国）煤铁，售与兵商轮船及制造各局，所需资金由直隶练饷项下拨给制钱20万串，湖北存储公款项下拨给制钱10万串，核实支用。由于开始所聘英国矿师马立师（Samuel John Morris）勘探煤源失败，这个洋人被辞退，另聘郭师敦等3名英国矿师到湖北开采煤铁总局继续探矿。从1877年春起，矿师们历时3年，踏勘普查了湖北省广济、兴国、大冶、荆门、当阳等地的煤铁矿。湖北煤铁矿由于官僚衙门作风、经费不济等原因最后陷于停顿，但有一点是值得肯定的：湖北开采煤铁总局开创了中国近代地质勘探的历史，在湖北相当大的地域内进行了地质勘探，除发现有一定开采价值的煤炭储量外，还发现了有重大开采价值的大冶铁矿，这对以后湖北矿冶业的发展，特别是对以后建立中国第一个近代钢铁企业——汉阳铁厂，具有重要意义。

严格意义上的中国近代矿业的正式产生，肇始于台湾基隆煤矿。台湾煤炭蕴藏量丰富，手工煤窑的生产也历史已久。西方列强为进一步侵略中国，对台湾煤炭资源早有觊觎之意。1850年3月，英国驻华公使全权代表兼香港总督文翰就曾致函两广总督徐广缙，企图购买和自运台湾基隆地方所产煤炭。与此同时，"为建立美国西海岸对中国的轮船交通"，美国驻厦门领事布莱特雷（Charies W. Bradley）自称，他曾为此在厦门附近调查轮船所急需的燃料，并在此过程中发现，"距厦门有一日航程的台湾西海岸拥有大量烟煤，其质量和上等的纽喀斯尔（Newcastle）烟煤相当"。从此以后，英美侵略者经常与清政府纠缠，屡欲染指台湾煤矿。1866 年，福州船政局创建之后，其生产所需煤炭一向靠台湾煤炭供应维持。1868 年前，福州船政局曾派该局煤铁监工、法国人都蓬（M. Dupont）前往台湾了解煤炭的储量及开采情况，都蓬到过基隆、艋舺、淡水等地，观察了手工煤窑的煤层厚度，并计算生产成本，认为台湾煤矿蕴藏量极为丰富，而且质地优良，如果使用机器生产和近代运输工具，生产成本可从当时的每吨 2 元 9 角 4 分下降到 3 角 4 分至 5 角，即降低成本 85% 左右。但是，都蓬的这一报告没有引起福州船政局应有的重视。70 年代初，英国发生了严重的煤荒，煤价在 1872 年猛增 60% ～ 100%。一向依靠洋煤供应的中国军工企业普遍感到燃料供应困难，而且价格奇高。福州船政局也深感燃料供应不足的威胁；恰在这时，它又遭到清政府中央官吏的弹劾，被指责靡费太重（确实如此），这才促使船政局的主持者认真考虑着手经营台湾煤矿。

1875 年，沈葆桢奏请开办台湾煤矿。经过英国矿师翟萨（David Tyzack）的调查，沈葆桢决定在老寮坑一带兴建基隆煤矿。由于所聘的英国矿师翟萨确有真才实学，工作认真负责，所以，基隆煤矿的建设速度是比较快的，从打钻到建成投产仅两年时间。1878年，基隆煤矿正式建成投产，日产能力约300吨，比一般手工煤窑产量高出几十倍。

基隆煤矿自建成投产到1895年台湾沦陷时为止，其经营情况大体上可以分为两个阶段。1878～1884年为第一阶段，生产粗具规模，发展缓慢。在建成投产后的最初几年，产量逐步有所上升，1878年为16017吨，1879年为30046吨，1880年为41236吨，1881年达54000吨。生产工效按1881年计，每工约为0.18吨。但自1882年后，产量开始下降，1883年降至31818吨。在1884年的中法战争中，矿井被炸，生产停止。1885～1895年为第二阶段。1884年，法国侵略军进犯台湾，台湾当局拆毁机器，炸毁矿井，以免资敌，使基隆煤矿遭到了彻底的破坏。中法战争后，基隆煤矿的恢复工作几经波折。最初，清政府由于经费缺乏，无力恢复该矿。1886年，商人张学熙见市场需煤殷切，请求承办。但张的资本有限，无力购买机器排除经过严重破坏后的很深积水，只靠人力排水，经营几个月后便因亏折本银数千两禀请退办。继之，台湾巡抚刘铭传提出以官商合办的形式着手恢复。他商同两江总督、福州船政局和台湾当局三方面各凑2万两作为官股，同时委派李鸿章的外甥，补用知府张士瑜另招商股6万两，共计12万两，用以添购机器，雇用外国技师，并准备在见到成效后再广招商股，收回官本。采用官商合办形式后，矿井生产恢复工作一度进行得比较顺利。1887年，矿井生产能力达到日产100吨。但是，商人因不满官方的控制，刘铭传又认为矿务工程已办有十之八九，以后资本无需增加，便将商股退还，重将煤矿收回官办。但重归官办不久，便又出现月月亏损的旧日景象。

基隆煤矿因亏损而造成的重大困难，引起英人乘机吞并之念。1889年，英商范嘉士（Hankerd）经由英国驻台北领事班德瑞（Frederick S. A. Bourne）的介绍，向刘铭传表示愿以分期偿还八斗煤井官本14万两为条件，换取20年内台湾全部煤矿和石油矿的开采权。刘铭传为收回官本，委派矿务委员张士瑜与英商谈判，双方商议了一个"拟立合同"，规定英商只需付出现银7万两以及在将来支付价值7万两银的煤炭，即可取得20年内垄断台湾煤矿和石油的开采权，而且还可获得修筑码头、优待赋税和利用中国官兵代其弹压工人等权利。这个亏本交易幸亏遭到清廷的驳斥才未能实现。

1890年，广东商人、候选知府蔡应维，云南候补道冯城勋等人通过全台抚垦事务通政司副使林维源与台湾官府接洽，愿以"官商合办"形式承办基隆煤矿，洽定集资30万元，其中商人出资20万元，并缴还原矿本银12万两，矿存房屋机器以10万元作官本，其余按月缴煤扣除。但矿务经营必须全部由商人主持，官不过问，将来无论盈亏，按照成本3股匀算。其实此项办法于官商双方都较为合情合理，也得到刘铭传的同意，但却引起了总理各国事务衙门的猜忌，并受到了严厉的无理驳斥。于是，这个商办之举，就胎死腹中了。

基隆煤矿进入 19 世纪 90 年代后，因经营紊乱，更日渐衰落。1891 年底，八斗矿井煤已采尽，接续工程尚未进行。1892 年，官办基隆煤矿因长期亏损而封闭。1894 年，中日甲午战争之后，中国这第一座近代煤矿随同台湾的沦陷而被日本侵略者所占领。

中国人的成功——开平煤矿

尽管台湾基隆煤矿的筹划与初期建设（中法战争前）颇具成效，但是磁州、兴国煤铁矿的筹建工作却都未能顺利进行。湖北兴国煤铁矿虽自光绪二年至五年（1876～1879）用土法开挖煤窑 40 余座，但生产能力很低，"半年仅出煤不及 20 吨"。如用新法生产，通盘筹划需经费 6 万两，可是官款支绌，经费难筹。而由于一则台湾基隆煤矿的成绩与李鸿章这位首席洋务派兴办新式煤矿的"成绩"相比反差太大，李极难堪；二则由李本人主持的一系列军工民用企业需煤孔亟，李必须赶紧找到煤矿以应急。为此，他悉心物色了有经验和能力的著名买办唐廷枢主持其事。直隶开平煤矿的勘察和开采就是在这种情况下进行的。

开平煤矿位于直隶滦州所辖的开平镇，这里自明代起即有民窑手工开采煤炭。到了 19 世纪 70 年代，正在开挖的煤窑尚有数十处。1876 年唐廷枢奉命偕同英国矿师马立师（Morris）到开平镇勘探煤铁矿，英国矿师对开平煤铁矿石化验的结果表明，开平煤铁矿的质量与英国上中等煤铁矿相近，很有开采价值。唐廷枢先后给李鸿章写了两个调查报告，论述了开发开平煤矿的广阔前景、应解决的问题、所需经费以及筹措经费的办法，对于促成李鸿章下决心开办开平煤矿起了重要作用。唐在给李鸿章的报告中写道："煤铁乃富强之根基，极宜开采"，"天下各矿盛衰，先问煤铁石质之高低，次审出数之多寡，三审工料是否便宜，四计转运是否艰辛。有一不全，均费筹划"。他比较了中英矿工的工资，发现吨煤成本中，中国矿工工资所占比例仅为英国矿工工资比例的一半，中国劳动力价格低廉是开平煤铁矿必获大利的重要前提。他还敏锐地指出：将来影响开平煤铁矿发展的困难，不在生产方面，而在运输条件。建议从开平到芦台修建一条铁路，用机器代替畜力运煤，拿出全部投资 80 万两银的半数，作为修建铁路的开支。

1877 年，为筹集办矿资金，唐廷枢拟定了《开平矿务局招商章程》。该章程在招股、分红、人事安排等方面，都对后来一些新式企业起了示范作用，对我国早期资本主义工商业的发展有一定影响。该章程共有十二条，其中心内容着重于两个方面：

其一，尽量表明开平矿务局以商品生产为目的，是由商人主持的资本主义企业。例如：章程明确写道，矿务局"虽系官督商办，究竟煤铁仍由商人销售"，一切"仍照买卖常规"；在经营管理方面，规定"进出煤铁银钱数目，每日有流水簿，每月有小结，每年有总结，随时可以核查"；在产品销售方面，"所有生熟铁至津，按照市面价值，先听机器局取用；煤照市价先听招商局、机器局使用，其余或在津销售，或由招商局转运别口销售"。产品销售，机器局优先取用，体现了"官督"关系，但一切照市价供应，则又保证了"商办"企业的利益。

其二，章程充分注意到投资者的资本安全，强调有利可图，尤其是保证大股东对矿山的管理权。例如，大股东可派代表驻局。"股份1万两者，准派1人到局司事"，"所有各厂司事必须于商股中选充"，等等。在利润分配上则规定："每年所得利息，先提官利一分，后提办事花红二成，其余八成仍按股均分。"此外，为了节约开支，防止浪费，以保获利，还规定"厂内督工司事人等，均凭本人才干，酌给薪水，按月发给，不得挪移挂借分文。除饭食、油、烛、纸张、杂用按照实数开销公账外，所有应酬等项，一概不认"。

尽管在商人中对这个章程的"商办"成分看法不同，但是上层商人，尤其与唐廷枢关系密切的买办或买办化商人，相信开平局或者因"官督"的微妙关系，会给他们带来优厚利益（事实也的确如此），因之相信这个章程，对开平煤矿的前景寄予希望，投资入股；而商人的中下层，则多持保留态度，因为他们中许多人吃过"官督"的苦头，对原来主持招商局的大买办经理开平局会产生怎样的成效有所怀疑。所以，开平矿务局招集资本，开始并不顺利。1878年计划招集资本80万两（即8000股，每股100两），实际上只集得20余万两，主要投资人是唐廷枢、徐润以及与他们有联系的港粤商人。开平煤矿的创办与基隆煤矿略为不同之处，就是它的创办经费主要来自私人资本，官府垫款只占很小比例。截至 1891 年，共用款 220 万两，其中直隶总督的垫款仅 24 万两。唐廷枢负责开平煤矿的具体筹建工作，工程进展迅速。1878 年夏以初步筹集的 20 余万两资本向国外订购机器，1879 年春即开始按西法凿井。1881 年，井巷开凿和安装工作全部完工，矿井正式投产，当年最高日产量达 600 吨。

在开平煤矿筹建之初，唐廷枢即已考虑到了产品运输问题。这也是开平煤矿不同于我国同时期创办的其他近代煤矿之处。一开始筹建，唐廷枢就把修筑铁路摆在重要位置。初拟用银 40 万两修筑铁路，后因资金不足原定招集数额，遂改动原计划，缩短铁路线，加开运河：修筑从煤厂到丰润县胥各庄的一条单轨铁路，长 15 里，这也是中国近代史上的第一条正式铁路——唐胥铁路（1876 年在上海所建的吴淞轻便铁路除外）；开挖一条由胥各庄到芦台的运河，长 70 里，取名曰"煤河"，并疏浚芦台到天津的原有运河，用水陆兼运的办法，解决煤的运输问题。铁路和运河都于 1880 年夏秋开工，次年竣工。1886 年，矿务局又将铁路延长 65 里。1889 年，为开采唐山北面的林西矿，再次将铁路延长 30 里，直达林西。好笑的是，开平煤矿建成单轨铁路后，初时为避免社会守旧势力的干扰，把铁路称之为"马路"，是用马而不是用机车牵引车辆。不久，矿务局总工程师金达（C. W. Kinder）在直隶总督和矿务局总办的支持与合作下，改装了一台火车头，名曰"火箭号"，第一次用来牵引车辆。仅行驶了几星期，就遭到保守和迷信思想的反对，不得不停驶。又过了一段时间，才又继续行驶，直至从英国运来两个火车头，"火箭号"才完成了使命。

从开平煤矿的建设过程中，可以看出主持人唐廷枢是个极有魄力、才干突出的企业人才。他长期受雇于外国洋行，为当时著名的大买办，精通各种内外贸易，熟悉商情市场，经营企业也是一把好手。怡和洋行对他极为器重，曾以厚利驱使其为之效力。唐本人在长期的买办生涯中，聚敛了大量财富，同时也积累了丰富的经营管理经验。还有一点很重要，作为一个拥有巨额财富的著名买办，他既能得到洋人的宠信，又在长期的经商过程中与众多华商建立起商业联系，并且也得到不少华商的信任和支持。总之，他可以说是一个在华洋势力之间周旋自如、左右逢源的头面人物。正是这一点，使他为热衷洋务的李鸿章所看重，并设法将他罗致到自己身边效力。1873 年，李札委唐廷枢为轮船招商局总办。唐本人自此脱离洋行，投奔以李鸿章为首的北洋集团。轮船招商局在中国近代航运史上占有重要的地位，它在经营管理上也有不少可取之处。唐身为该局总办，又积累了不少直接经营企业的经验。这无疑使他在经办开平煤矿时能够充分展示他的才能。

由于当时中国的关税不能完全自主，所订税则多有利于洋商而不利于华商，像洋煤在 19 世纪 80 年代前就基本上垄断了各通商口岸市场。天津市场完全为日本煤炭所垄断。这种局面，主因之一是洋煤税轻于中国煤税。唐廷枢有鉴于此，即向李鸿章写了一个报告，要求减少煤税，以降低售价，与洋煤竞争。经李鸿章奏请清廷批准，援照台湾、湖北的成例，减轻了煤税，每吨由6钱7分2厘减为1钱，大大有利于开平煤矿投入市场竞争，从而促进了开平煤炭生产的发展。

开平煤矿正式投产后，由于采用了新技术，运输通畅，煤质优良，又靠了李鸿章的权势，减轻了煤税，因而在市场上有很强的竞争能力。开平煤矿此时可真称得上产销两旺。1879年，该煤矿在唐山建第一对井，1889年在林西建第二对井，1894年又在距唐山矿一二里的西山建第三对井。1886年，开平煤矿日产量即由四五百吨上升到八九百吨，1894年平均日产上升到1500吨，最高日产可达2000吨。到19世纪末，其年产量已达近80万吨。

开平与基隆两相比较，一个不断发展，一个不断萎缩，恰成尖锐的对比。开平煤矿，1882～1895年，产量增长了近10倍，1895～1899年，产量又增加了1倍，究其原因，开平地质条件好，煤储量丰富是一个极有利的客观条件，而作为主持人的唐廷枢经营有方，应是一个更为重要的因素。

开平煤除供应清政府的官办企业和北洋舰队外，相当数量是供应新式航运业。开平煤的发火力强，含灰量只在30%左右，很少熔渣，十分适宜轮船的需要。当时，凡是驶抵天津的中外轮船，煤仓总是装满了开平煤之后才起锚离岸。开平煤自进入天津市场后，逐渐改变了洋煤垄断天津市场的局面。在19世纪80年代以前，各通商口岸所需煤炭几乎全部为洋煤所垄断。整个天津市场则是日本煤炭的畅销场所，而自从开平煤炭进入天津市场后，日本煤炭便遇到了强有力的竞争对手。1882年7月，日本煤在天津市场上的标价是：广岛煤矿的块煤每吨售天津纹银7~8两，三池煤矿的块煤则为7两，而开平煤矿的块煤却独以每吨4两5钱至5两的售价招揽生意，加之开平煤质量优于日本煤，这自然使日煤在竞争中处于劣势。1880年和1881年，天津进口的日煤分别为19409吨和17445吨，1882年，开平煤投入市场后，进口日煤骤降至5416吨。3年之后，进口的日煤降至566吨。到80年代末，天津已不再有洋煤进口，开平煤完全占据了天津市场。

开平煤矿收回天津市场，首先是它煤质优于日煤，其次是它以价格的绝对优势（开平煤价平均仅为日煤价格的约1/3）压倒了日煤，迫使日煤退出天津市场。这场价格战完全是以开平煤矿的实力为基础的：新技术的采用，优质的煤炭，良好的运输条件，比较轻的煤税，等等。

从全国范围来看，收回天津煤炭市场并不能改变当时外资控制中国煤炭市场的局面，日煤虽被从天津市场上驱逐，但全国的洋煤进口量仍在增长中。而且即以被开平从天津赶走的日煤来说，它在天津市场的失败并不等于在全中国范围内的失败，日本煤炭在1882年后对上海出口的持续扩大——1882年19万吨，

1883 年上升至 27 万吨，1885～1887 年，每年的输入量都在 30 万吨左右——就是一个证明。但开平煤炭能独据天津市场毕竟是中国近代矿业史上少有的一个局部胜利。

随着开平煤矿生产和销售量的不断扩大，开平煤矿的股票在市场上的声誉也愈来愈高。1881 年底，面值 100 两的开平股票在市场上的价格溢价到 150 两左右。1882 年 6 月，市场上出现了争相追逐开平股票的现象，一度有人愿意以每股 237 两的价格收进。到 1883 年，虽经金融风潮影响，股票价格一度下跌，但又很快回升，保持在 140 两左右。这种股票溢价的现象，在该时期的同行业中算得上是独一无二的了。不仅如此，开平煤矿也是该时期同行业中唯一有盈利并能按时发放股息的企业，这真使投资于开平的有识之士们欢欣鼓舞。1888 年，开平矿务局的净利是 19698 两，按照章程规定提取公积金 3200 两，发放所谓"仆役恩赏" 1800 两，每股发放股息 6%。从这一年后，不论开平局盈余多少，股息均按 10% 或 12% 发付。开平煤矿从破土动工到第一次发放股息，历时恰好 10 年。而同时期中开采经营的矿山固然不少，然而能够有盈利并分配股息的却不多见。较开平煤矿先投入生产的基隆煤矿此时已告"历年亏折"，还有一些煤矿则因亏损而迅速倒闭。

开平煤矿是近代中国矿业史上经营极为成功的屈指可数的企业之一，而在甲午前（准确讲是在 1900 年以前）中国矿业的初创时期，它的成功更是引人注目——引起了中外同行们的嫉羡尤其是外国资本家的忌恨，这些洋人们此时只恨无机可乘。从某种意义上讲，开平的成功就是他们的失败，洋人们不能容忍中国企业家在矿业——一个有关国计民生命脉的工业上取得如此的成就。不过，眼下他们只能暂时忍耐，伺机而动。这个机会他们很快就等到了。1892 年，开平矿务局总办唐廷枢去世。李鸿章委任出身醇亲王侍役的江苏候补道张翼继任开平局总办。这个目不识丁的开平煤矿大股东（拥有股份 3000 股，即 30 万两）毫无近代企业经营管理的经验，连基本常识都不具备。在他任开平总办后，不仅原来就有的很多衙门作风加重了，而且一反开平局历来采用的招资集股扩大生产的办法，竟用矿务局财产作抵押，向外国乞求贷款以期维持和扩大生产。为了开辟秦皇岛港口，改善开平煤的运输条件，张翼先向英商墨林（Bewick Moreing Co.）借款 30 万英镑，嗣后又向德华银行（Deutsche Asiatsche Bank）借款 45 万两。在中国近代史上，稍有点常识的人都知道，向洋人借钱搞企业生产无异于饮鸩止渴。这样，就使早已觊觎开平煤矿的外国侵略势力有机可乘，迅速方便地渗透到企业的要害部门，为以后英商轻而易举地攫取开平煤矿埋下了伏笔。

3 其他用新法开采的煤矿

19 世纪 80 年代至 90 年代初，中国民族资本掀起了一个投资煤矿业的高潮。安徽池州、湖北荆门、山东峰县、广西贺县、直隶临城、江苏徐州利国驿、奉天金州骆马山、北京西山、山东淄川等地，都有私人集资勘测和开采煤矿。但因资金不足或购买机器困难，规模都有限，有的开办不久即停办。金州骆马山煤矿仅进行了勘察，未行开采。池州、利国驿煤矿具有中等规模，各有资本10万两左右，以沿用手工开采为主，很少使用机器；其余各矿均为小型煤矿，资本仅2万~3万两，机器设备很简陋。这些中小型煤矿的主持者，大都为地方官员或一般商人，多无政治势力，而当时在中国，兴办新式企业必须要有官方做靠山。因此，这些中小型煤矿的主持人为了取得洋务派官僚集团的支持，虽系私人资本，却都挂上了"官督商办"的牌子，1877~1882年间创办的池州煤矿、峄县煤矿和利国驿煤矿就是比较典型的这类煤矿。

安徽池州煤矿 1877年由江苏前补用道李振玉和安徽宁池太广道孙振铨创办。开办资本银为10万两。主要投资人是一位曾在汉口宝顺洋行（Evans, Pugh & Co.）任买办的广州商人杨德，他也是实际负责招集股金，筹办开矿工程的煤矿主持者。对该矿投资的还有上海轮船招商局，投资额为38000两，这部分股权实际上掌握在唐廷枢和徐润手中。

由于机器设备不全，运输条件困难，煤质不好，不受工厂欢迎，年产量仅三四千吨，主要销售上海。为改变这种经营不理想的状况，1882年，杨德希望添招资本120万两，用于扩充设备，并计划在采煤以外，另采铜、铅等矿。但这一计划遭到唐、徐等人的抵制。

这实际上是唐、徐等人依仗李鸿章的势力和他们能调动大量资金的能力，企图借增资之机，控制矿山。因为当时新式企业纷起，唐、徐等人感到有利可图，便声称须招股 300 万两，才能改变矿山经营不利的局面。这便引起了杨德等中小资本家的强烈反对。他们利用南北洋派系之间的矛盾，争取到安徽地方的支持，竭力反对唐、徐等企图吞并旧股，霸占矿山的阴谋。唐、徐有李鸿章做靠山，如何肯罢手?! 终于在 1883 年，在池州煤矿附近又出现了一个由李鸿章札委，而由徐润担任会办的贵池煤铁矿。这明显是唐、徐二人要从竞争中挤垮池州煤矿。只是由于 1883 年的上海金融风潮使得许多新式企业倒闭，正在增资过程中的池州煤矿也只招集到 30 万两资本，便无法继续进行增资活动了。而由徐润主持的贵池煤铁矿则连创办资本也未招足便告停顿了。后来不得不改由商人徐秉诗主持，小规模地进行采掘。徐润、唐廷枢兼并池州煤矿的活动至此无疾而终。而增资后的池州煤矿在生产和运输方面仍无起色，它所产煤炭价格远高于当地手工煤窑产品价格，以致销路迟滞，日渐衰落。

山东峄县煤矿 1879 年由安徽寿春候补知县戴华葆偕同一些当地官员发起用新法开采。戴的后台为李鸿章。因此在初创过程中得到天津机器局的协助，订购了吸水机器并从广东、上海雇请技师和工人进行开采。此矿原是利用当地废弃的手工煤窑，部分地使用机器进行采掘的规模有限的一个煤矿。最初股金仅为 2.5 万两。1880 年，成立枣庄官窑局，挂上了块"官督商办"的牌子，其实全系私人投资。据该局告称，至1882年已收到股本53650两。生产方面，1882年初开始见煤，至是年9月，据称已能日产煤120余吨。因该矿资本薄弱，在生产上除了吸水使用机器外，其他劳动如挖煤、运煤仍然全用人力，基本上还未脱离手工操作。生产条件恶劣，事故频繁，曾于1893年发生透水事故，被淹死的矿工达300余人之多，这是近代煤矿诞生后最早最严重的事故之一。事故之后，官窑局营业逐渐衰落，1895年被山东巡抚李秉衡封闭。

江苏徐州利国驿煤铁矿 1880年，徐州贾旺一带因洪水冲刷，煤线暴露，为当地人发现并进行采掘。1882年，经两江总督左宗棠奏准，由徐州道程国熙函请候选知府胡恩燮到徐州筹办利国驿煤铁矿。胡在短期内集资10万两，聘请外国矿师，制订矿务章程，于当年10月在利国蔡家庄开凿小煤井两座，原定煤铁并举的计划，因1883年上海金融风潮影响，筹资困难，只得放弃，单采煤炭。不久，小煤井涌水过大，无法排水，又把井位挪到青山泉，重开煤井10个。由于集资困难，无力购买机器，只得沿用手工开采，加之靠牛车和小船运煤，产运脱节，以致存煤堆积，坐亏成本。延至1887年，该矿在艰难竭蹶之余，主持者被迫向李鸿章请求将这个由私人资本开办的煤矿"收全矿归公，由海军衙门大办"。由于利国驿煤矿蕴藏量丰富（当时估计要超过开平），而且煤质优良，所以，李鸿章很想在开平之外再占有这一优质煤矿。他电询上海轮船招商局总办马建忠能否立即派矿师到徐州勘察，而后又交其亲信盛宣怀主持其事。盛派上海电报局主持人经元善到徐州实地估价。经在实地调查后，于1890年提出一份建议书，就利国驿煤铁矿的建炉厂、验煤层、修水道、建铁路、造船只、浚运河、通电报、免税厘、开钱庄、买客煤等10个方面提出了具体措施。但海军衙门始终不曾接手，使这个条件本来很好的煤矿就在衙门间相互扯皮中陷于长期亏损，直到1898年，才改由一个与张之洞有联系的官僚周冕从"粤东集股"接办。

第一批出现的近代煤矿，除上述的几座大中型者外，还有一些小矿，现将这些矿的情况简述如下。

湖北开采煤铁总局：官办性质，由盛宣怀和李明墀主持。1875年，盛宣怀根据李鸿章旨意，会同李明墀试办湖北广济、兴国等地煤矿。这个机构就是专为此而设。因管理不善、资金不足等而失败。

湖北荆门煤矿：官督商办。主持者盛宣怀。湖北开采煤铁总局试办广济、兴国煤矿失败后，将设备移至荆门开采，主要沿用手工采煤。1882年拟在上海集资未成，因资本短缺而停办。

广西贺县煤矿：1880年开办，官督商办性质。主持人叶正邦。资金额不详。使用机器不多，靠旧法抽水。因煤质较差，运输困难，于1886年闭歇。

直隶临城煤矿：1882年开办，官督商办。主持人钮秉臣。1882年招股，设备简陋，主要靠土法开采。

北京西山煤矿：1884年开办。主持人吴炽昌。

1883 年筹建分公司，矿局与醇亲王、李鸿章均有联系。1886 年月产仅 10 余万斤。

山东淄川煤矿：性质为官办。主持人张曜。1887 年开办，1888 年开始用少量机器开采，1891 年张曜死去，矿随之停办。

湖北大冶王三石煤矿：1891 年开办。官办性质，主持者张之洞。此矿是为供应汉阳铁厂需要，自 1891 年开始经营，耗资近 50 万两，因积水太多，1893 年被迫停止开发。

湖北马鞍山煤矿：1891 年开办。官办性质，主持者张之洞。为解决汉阳铁厂用煤，由汉阳铁矿局出资，1891 年筹建，1894 年出煤。因经费支绌，暂用土法开采。此矿煤质不良，但汉阳铁厂需煤孔亟，不得已而用之。

奉天金州骆马山煤矿：性质为官督商办。由盛宣怀主持。1882 年招集商股 20 万两，但被盛移用于电报局，只对矿山进行了勘测，并未开采，1884 年停闭。

从 1875 年至 1894 年，中国先后出现了规模大小不同、寿命长短不一的新式煤矿 16 个。经营性质有官办、官督商办和官商合办三种。在这第一批 16 个煤矿企业中，大都归于失败；并且在这些新式煤矿企业开采煤矿的过程中，方法也大多是新土（法）参半或者说是土法居多。规模多数不大。真正算得上机器开采并具有较大规模的，只有基隆煤矿和开平煤矿。基隆煤矿开采最早，堪称近代新式煤矿的先声；开平煤矿发展最快也最成功，堪称新式煤矿的代表。

4 金属矿的开采

除煤而外，由于当时军用工业和其他工业对金属原料的迫切需求，这一时期金属矿的开发也有一些进展。从 1881 年到 1894 年，先后组成金属矿公司或厂号的达 24 家之多，其中：铜矿 8 家，金矿 6 家，银矿、铅矿各 4 家，铁矿 2 家。这些厂矿的发起或赖官款垫支，或集私人资本，少数几家由清政府拨款举办，多数系私人资本，不过为了立足，一般都挂上"官督商办"的牌子，尽量与北洋集团拉拢关系。金属矿与煤矿不同，其特点是暴起暴落，表面看一时公司纷起，热闹非常，但真正值得一提的仅两三家而已。

金矿 金既是贵重金属，又是财富的象征。清政府既然要"求富"，金矿自然是不会忘记的。虽然中国金的蕴藏量并不丰富，产量从来很少，但是，既然有上述原因，求富者们的脑子里早就有开采金矿的意向。尤其是对新式矿业用机器开采，他们的期望值很高。但除了漠河金矿外，其他金矿则成效有限。

山东平度金矿：山东烟台附近的平度、宁海、栖霞各地富有金属矿苗。到了 19 世纪 60 年代后期，已引起了不少外国侵略者的觊觎。美国的官方领事就领头作恶。1867 年冬，在中英修约谈判前夕，自称久住烟台的洋人德爱礼、花马太等人来到平度州，要求当地官员为他们"雇募百余人"，挖掘金砂。经调查，在烟台的外籍人员中，根本没有德爱礼其人。原来德爱礼就是美国驻烟台领事山福尔的化名。其后不久，英国驻烟台领事及不少各国洋人均来这里随意寻找甚至私挖矿藏，一度闹得很凶。这不能不引起清政府的重视。在甲午之前，清政府在开发矿山方面还是"权操自我"的，于是开始考虑开发这一带的金属矿。19世纪80年代初，国内又掀起了对新式矿山的投资高潮。广东巨富、前济东道李宗岱在1883年即请求试办栖霞县金矿，最初未曾获准。1885年，他又请求开发平度金矿，得到允许。于是，李宗岱雇请外国矿师，又购买了一台60马力的舂矿机，于1887年设立平度矿务局，雇工600余人从事生产。据1889年的关册记载，当年平度矿务局金砂出口计3676担，估计值银116400两。

平度矿务局初创时原拟广集资本，但在1883年上海金融风潮之后，私人资本视矿山为畏途，一时间集资十分困难。所以，平度矿的创办资本总数不详，据说其中有李鸿章所拨的官款18万两，其后又曾向英国汇丰银行借贷18万两。由于在勘探、建厂、购机、凿井、运输诸方面筹划不周，资金运用不当，以致严重影响了矿务局的收入，到了1888年，矿务局便面临严重的收支不平衡的局面。

与平度相邻的宁海州金矿曾经旧金山侨商多次勘探，这时决意开办。1889年，李宗岱意欲将两矿合并，还拉上与北洋关系密切的马建忠等人，采取官督商办的形式。旧金山侨商林道琚表示支持并派代表与李协商，准备投资开发，以至一时盛传宁海矿务公司有资本90万两云。实际上侨商虽已认股，但并未交款。马建忠为宁海矿垫银 15 万两后仍无把握，此事一时停顿。后李宗岱与侨商代表协商，改办招远金矿。由各方投资，议定股本为 60 万两。1892 年，在招远用机器开挖。卒因经营不善，几年内资本蚀尽，采掘工程再度陷于停顿。1895 年，李与侨商再次集股，希望继续经营。最终为山东巡抚李秉衡于 1896 年封闭。

黑龙江漠河金矿：漠河金矿位于黑龙江省瑷珲西北千余里，与帝俄接壤。该矿蕴藏量丰富，向有"金穴"之称。由于漠河处于中俄边界中方一侧，1885 年前常有俄人"过江偷挖金矿"，清政府虽多次派兵驱逐，总难根绝。于是，清政府从"杜绝边患"出发，决定对漠河金矿"及时开发，以杜外人觊觎"，遂命黑龙江将军恭镗和北洋大臣李鸿章遴选"熟悉矿务干员"，前往矿区勘察。

1887 年，曾在瑷珲与帝俄办过交涉的依兰知府李金镛奉命进入矿区作实地调查。李为人精明干练，将矿区情况调查得一清二楚。调查结果证明漠河金矿是一个富有开采价值的优良矿山。李鸿章向清政府奏准由李金镛总办漠河矿务。鉴于"该厂地处极边"，交通极其不便，"除重大事件应禀商黑龙江将军酌夺，其余一切，由该员相机妥办，以专责成"。

李金镛拟定了黑龙江矿务招商章程和漠河金厂章程，考察了平度金矿，经过周密计划，他在商议好借用平度矿外国矿师（后未果）并多方奔走设法筹集资金、购买机器之后，决定于漠河、奇乾河两处建厂，先后在 1889 年 1 月 14 日和 2 月 11 日投入生产。

漠河矿原拟集资 20 万两，但当时受上海金融风潮影响，"商情困敝"，人人视投资矿山为畏途，虽经多方努力，实际所集股金不足 3 万两，无奈之下，只好从黑龙江将军恭镗处筹借官款 3 万两，另由李鸿章从天津商人处借银 10 万两以为开办经费。由于资金如此困难，李金镛在初拟章程中准备的延矿师、造轮船、购机器、开运道等等，皆暂且搁置。

漠河矿的创办极为艰难，首先就是上述的资金问题。其次是该矿的地理位置使得漠河与内地的交通十分困难，很难保持经常联系，因而使得该矿所产金砂的价值由于运输困难而大打折扣。据李金镛称：1890 年春，漠河所产沙金在瑷珲变价出售，一个月内就可以得到现款。但由于买主主要是俄方，他们就利用交通不便这一点，有意在瑷珲压低金价，使漠河所产之金砂不得不远运至内地天津、上海出售。但这样周转一次要费时三四个月，使得本来就短缺的资金更不敷使用。这就形成了金厂虽有金砂，而且产量在逐渐增加，仅仅因为交通不便，销售困难，厂矿流动资金的周转陷于十分困难的境地，以致公司结账时，账面上虽有余利可分，但无现款发放股息。李不得已在厂矿内部用发银票钱的办法来代替现金的流通。这就是对矿厂工人发给公司自制的银票在厂矿内代替货币流通；在厂矿之外可在瑷珲转运局兑换现银。据资料，这种银票发行数量（在厂矿内）约合银 6 万两。

漠河矿在初创过程中招工置械也是备极艰难。1889 年投入生产，当年便产金达 18000 余两。1890 年

10 月，李金镛因病去世，李鸿章指定该厂提调袁大化代理局务。袁接手后，一方面赶制机器，扩充生产，另一方面整顿内部。到 1891 年，生产方面颇见成效，矿务局决定发放股金。公司鉴于矿厂初创时特别困难，当时入股的股东对公司所起的积极作用最为显著，为酬谢这些股东，在股息分配上特予优待。第一届股息分为三等：1894 年入股者，每股分利银 70 两；1895 年上半年入股者，每股分利银 42 两；1895 年下半年入股者，每股分利银 23 两。嗣后由于生产逐渐走上正轨，每年都能发放股息。

由于漠河矿经营成效显著，投资者逐渐恢复了信心。这一时期，矿务局陆续招得新股 1.2 万两，并且也陆续归还了黑龙江官款 3 万两和天津商款 10 万两，矿山经营日见起色——有归还十几万两的官商借款和大量持续地发放股息能力即是证明。1893 年春，该矿又添置淘沙机器以提高生产效率；同年又在观音山筹建一个规模颇大的分厂，据称此厂"产金区域周围亘数十里"。1894 年仅在这一分厂便集中矿工 2000 余人。漠河金矿产量因此在 1894 年又见大幅度的增加。

漠河金矿是除煤炭业（也只是开平）外金属矿中仅有的成功企业——这也就成了一块各方都想咬一口的肥肉。官家的胃口最大：历年来清政府对矿山勒索无度，既要提供军费、报效，又屡屡分派账款。1889～1895 年 7 年中该矿对清政府的各项"报效"累计竟达 85 万两！而 1889～1894 年该矿产金量累计为115968 两，合银两（瑷平银）2226808 两，"报效"所占比例竟达该矿整整6年产值的38.17%！这对一个企业的生产经营是极大的摧残！不过从清政府来看，这是理所当然的。"溥天之下，莫非王土；率土之滨，莫非王臣"。自然，作为"王臣"的漠河矿务局只有打落牙齿往下咽了。

漠河金矿的成功在很大程度上应归功于有关当局用人得当。该矿主持人李金镛不仅精明干练，而且不畏艰险，仅带少数随从即深入千里边陲，"斩荆辟道北进，历尽艰辛，漠厂之基础始克成立"，并为开矿资金到处奔走，不辞辛劳；又多方考察，对建立一个新式矿厂殚思竭虑。李恪尽职守，终因积劳成疾，于1890年10月病故于漠河这样一个边陲小镇。作为一个政府官员，在当时来讲是很难得的。毋庸讳言，北洋集团的支持也是一个重要因素。

漠河金矿瑜中有瑕。当时所有企业中的一些封建落后的管理方法，贪污盗窃的盛行，该矿也大多具备。这些当然成为矿、厂生产能力进一步发挥的严重阻碍。总的来说，漠河金矿是成功的。这不能不引起帝国主义的觊觎。1900年帝俄乘八国联军侵华之际，就直接派兵占领了漠河金矿及各厂。虽屡经交涉，拒不撤军，直到1906年始撤离矿厂。其间，该矿、厂所遭之掠夺与破坏不可胜计。

除平度、漠河等较大的金矿外，还有热河建平金矿（1892年开办，曾出金，但因成本奇高，获利极微，于1898年停办）、吉林三姓金矿（1900年开办，主持人宋春鳌，曾集股10万两，经营略有成效。1900年因八国联军入侵而停办），均规模有限且无大成效。

其他金属矿 铜矿：铜向来为中国制造货币的必不可少的原料。自秦汉以来，铜矿一直是官营矿业。历代王朝都视铜矿业为关系国计民生的命脉，这种情况一直持续到清朝末期。其实，中国历代尽管以铜为主要币材，但实际产铜并不丰富。翁文灏（著名地质学家）根据史书做过统计，自唐天宝元年（742）至清末宣统三年（1911）共1169年，累计产铜不过78796274斤，年均产铜量仅67404斤。历代都感到产量与需求量出入甚大。明清以来，商品经济得到明显的发展，货币流通量增大，铜就成为一个突出的问题。清政府一方面加紧开采铜矿，另一方面也进口一部分洋铜以补不足。

中国铜矿蕴藏不丰，分布区域倒很广，南北方大多省份均有。不过主要产地还是在川、滇二省，尤其是云南东川最为著名。清乾隆至同治年间，由于云南回民起义，东川铜产基本断绝。次若川湘鄂并北方吉林虽俱产铜，但不若云南远甚。缺铜问题到了19世纪60年代清政府创办近代军事工业时愈发突出，不得已，在大量进口外铜的同时，对国内铜矿的勘探开采也在加紧进行中。

1881年，由朱其昂主持，对热河平泉铜矿进行开采，1881～1883年先后集股本10万余两。但因1885年熔炼不得法，于1886年折本停办。

1882年，由朱其云主持，在湖北鹤峰开采铜矿。但在创办期中，因遇上海金融风潮，股款难集，曾试采铜砂，1883年停办。

1882年，在湖北施宜由王辉远开采铜矿，未及开采，就因主持人舞弊，此矿以亏折收场。

直隶顺德铜矿，1882年由宋宝华主持。开采后发现矿苗不旺，于1884年退股停办。

安徽池州铜矿，1883年开办，主持人杨德。开采后因不敷成本，每百斤铜砂只能炼铜3～4斤，1891年亏折停办。

云南铜矿在镇压起义后又谋恢复，1887年，由唐炯、胡家桢主持开矿事宜。1883年云南铜矿一度集资，未果。1887年又再次招集商股，拟购买机器开采，但因经费不敷，生产被迫停顿。1890年停办。

湖北长乐铜矿，有金涤泉者曾于1883年主持开采事宜，但未见经营，同年即停办。

海南岛琼州大艳山铜矿，1887年开办，主持人张廷钧。1887年集股购买机器开采，因成效不大，于1888年停办。

银矿：银为贵金属。中国币制的一个特点是"双轨制"，大多数朝代都是银铜并为货币。有清一代也是实行"双轨制"的，不过民间小额交易多使用制钱（铜币），大额交易才用银两。农民向政府缴纳的赋税也以银两计，而农民劳动所得收入的基本形式为铜钱。中国银的蕴藏不丰，乾嘉时期，基本上是白银输入，彼时国库也还充裕。自从鸦片流毒于中国，白银大量外流，银铜比价剧变，银贵铜贱，农民实际负担加重，两次鸦片战争，天朝败绩，按条约被迫向列强赔偿的巨额款项，多以实银计；国内平定"发捻"，也用去大量银两。至 19 世纪下半叶，清国库空虚已到极点，但为攘外安内，遂有"自强"之举——创办一系列军事工业，可这又耗资巨大，不得已又"求富"。银矿在官家看来自然是富源，故开采银矿自在求富者的计划之中。但实际上进行开采的银矿却只有 4 个，而且全无成效。

热河承德三山银矿，1882 年开办，主持人李文耀。该矿在经营期中正逢中法战争，集款购买机器，1889 年雇用矿工 200 余人从事开发。1894 年改由张翼接办。

广东香山天华银矿，1888 年开办，主持人何昆山（买办商人）。1890 年徐润、唐廷枢参与，续招股本。外国矿师称须投资 100 万两才有成效。如此巨款无力筹措，于是年（1890）停办。

广西贵县天平寨银矿，1889 年筹措资本开办。但具体生产情况以至主持人（似为谢光琦）和停办年份都不清楚。

吉林天宝山银矿，1890 年开办，主持人程光第。开办后部分使用机器，旋因亏蚀，于 1896 年查封。

铁矿：铁亦为历代封建国家必榷之物。及近代军事工业兴起，铁更为必需之物。洋务派在经办近代工业时，常将煤铁并称。这并非毫无道理。张之洞说得最为透彻："武备所需，及轮船机器，民间日用，农家工作，无一不取资于铁……实力开办，可大可久，自强之图，实基于此。"清同光年间，由于军工企业及造船业的需求，洋铁进口不断增长。19 世纪末中国铁路业的大规模兴起，也需要大量的钢铁。即以芦汉铁路言，2000余里的铁轨就要消耗大量钢铁。而当时中国并无此能力，如许钢铁只好依赖进口。张之洞是有长远眼光的，他认为中国"购买铁料，取之海外，则漏卮太多，实为非计"。出于上述考虑，张之洞认为铁厂的兴建，实为客观形势的要求。

建立铁厂，首先要有炼铁的原料即铁矿。张之洞任两广总督时即已经办此事。后张调任湖广总督，更急于建立铁厂。他遣人四出偕英、德等国矿师到湖北、湖南、江西等地寻找煤铁矿，但张做事不免躁进，想法虽好，却无具体可行的措施。煤、铁一时难得可用之矿。幸好盛宣怀督率英国矿师勘得大冶铁矿尚可一用，时为1877年。1890年大冶铁矿正式开采，全部官办。至于投资，由于张将煤铁矿及铁厂搞成了一个"联合企业"，各部分明细账一时难以分清，只知道截至1896年，这个东亚最大的铁厂共耗费官款500余万两银。

除大冶铁矿外，还有一个贵州清溪铁矿。此矿于1886年开办，主持人潘露。开办时领用公款近20万两，另招部分商股。原定"矿由商办，官为督销"。1890年拟借洋款，旋因潘露病故，无人主持，此矿亏折停办。

铅矿：这一时期只有4家铅矿开办。

山东登州铅矿，1883年由盛宣怀主持开办，但除"开办"外竟毫无下落，估计是根本没有经营。

福建石竹山铅矿，1885年开办，主持人丁枞。该矿集股试办了 3 年，未见成效，后以经费不足，被闽督封闭。

山东淄川铅矿，1887 年开办，主持人徐祝三。该矿 1888 年试炼矿砂，原计划可提炼七成，实则只得四成，成本高，经营不得法，且所炼之铅，成色不佳，无法出售，矿遂停办。

热河土槽子、遍山银铅矿，情况不详。

近代中国矿业企业，尤其官办企业，大都有严重的衙门作风，经营管理腐败，管理机构叠床架屋，冗员充斥。例如官督商办的直隶临城煤矿，在临城一县便设了一个总局、两个分局，每隔 4 华里即设一个局，非生产人员太多，开支大，初办的头十年，年年亏本。这些管理人员多系官府委派，连管理企业的基本常识都不具备，不懂科学技术，而又不深入实地调查研究，常远离生产现场发号施令，结果往往坐失良机，耽误工程，造成原本就有限的资金白白浪费。由于政府资金不足，商人又怕不保险，不愿多投资，所以，这一时期的近代企业，差不多都显得资金不足。造成这种情况的深层原因，是商人在企业中处于无权的地位。除唐廷枢、徐润等少数大买办或上层商人（开平的成功原因很大一部分在于他们有实权）而外，大部分商人投资于企业，却被剥夺了对企业经营管理的权力，这自然使得许多商人对投资新式矿业裹足不前。

在当时历史条件下，中国新式企业兴起没有国家，也就是所谓的"官"的帮助是很困难的。中国封建社会几千年，向来就有国家严密控制有关国计民生的重要生产事业的传统。这是为保证封建国家统治的重要手段。而在中国近代，国家（亦即官方）和新兴企业的关系是相互依赖而又相互矛盾的。从国家方面讲，控制这些企业总的目的是"自强"、"求富"，也就是传统巩固统治手段的新版而已；从这些企业方面讲，没有官方势力做靠山，具体操作起来困难重重，反之，则处处顺利，开平煤矿就是一个明显的例子。所以，尽管"官办"、"官督商办"、"官商合办"弊病重重，很多企业还是主动挂上了这些招牌。实际来看，在当时特定的历史条件下，像中国这样的后进国家，国家的干预对于新式企业来讲也是必不可少的。但是，这种干预必须适当，否则就弊端丛生。不少企业家的抱怨不是没有道理的。仅仅"报效"，亦即封建国家对近代工矿企业的勒索，就对这些企业的发展实际上起到了摧残作用。以"报效"为名义而被勒索在近代工矿企业中最为严重的莫过于漠河金矿了。该矿在1889年投产后，便奉命从当年起开始"报效"。到1891年，经统计，缴纳的"报效"已达33000余两。1892年该矿生产有所发展，对清政府的"报效"数字也随同上升，4年中（1892~1895），共缴付银82万余两。其中主要的项目有：黑龙江饷银53万两，北洋饷银10万两，黑龙江"赈需"8.9万两，北洋"赈需"6.7万两。而该矿1888~1894年分派给股东的股息，合计起来不过28万两，其中1890年和1891年的股息8万两还是以企业的股票作为股息抵充；同期缴纳给清政府的"报效"则达 85.5 万余两之多。

对这一时期的近代矿业要给予应有的评价。首先是从无到有。在中国历史上第一次出现了不完全依赖人力，而利用近代工业革命成果——蒸汽机开采矿山，在生产效率上使手工劳动无法与之相比。从此中国有了自己的机械采掘矿业。无论引进这些"奇技淫巧"的洋务派们的主观意图是怎样，中国矿业从此走上了近代化之路。其次，尽管引进这些近代矿业机械的洋务派们这样做的指导思想是攘外安内，但人的思想是在变化的，从"自强"到"求富"到"分洋人之利"，可以说认识水平在不断深化；非但如此，一些人还走向实际，他们从办军事工业入手，转而举办民用企业，与洋人争利，意识到"求富"就必须"开源"，大规模地开采矿山，尤其是关系国计民生的命脉矿种——煤铁金等，以实际行动来与洋人"商战"，挽利权"以杜塞漏卮"。再次，这一时期清政府还能"权操自我"，中国的矿权完全在自己手中。西方列强尽管对中国矿权觊觎已久，甚至用流氓无赖的手法来伺机攫取中国矿权，但这时的清政府还很清醒很警惕，一遇外人滋扰闹事立即予以制止，把矿权——国家的重要主权之一——牢牢地掌握在自己手中。至于这一时期近代矿业企业在经营管理等方面的诸多弊端，一般来讲，在当时特定的历史条件下是无法避免的，甚至可以说是正常的。

三 利益均沾：列强共同 "开发" 中国矿业

　　1894 年，中日之间爆发了甲午战争。战争结果，清政府被迫与日本签订了丧权辱国的《马关条约》。条约规定：中国向日本割让辽东半岛、台湾及澎湖列岛，向日本赔款白银二亿两；开放沙市、重庆、苏州、杭州为商埠；日船得沿内河驶入以上各口；"日本臣民得在中国通商口岸任便从事各项工艺制造，又得将各项机器任便装运进口，日本在中国制造的货物，与进口货物一样，免征一切杂捐，并享受在内地设栈寄存的优待"。这些条款对于中国经济的影响是致命的：表面上只是日本一国享有在华设厂权，实际上任何一个国家都可以援引"最惠国待遇"的条款来为自己的国家取得在华设厂权，而这是西方列强奋斗了整整半个世纪也未能取得的特权。西方列强们终于将中国的经济大门彻底打开了！

　　《马关条约》中在华设厂权条款使得西方列强蜂拥而至，它们全是"办事"来的，办矿也在其中，不过，它们首先是从掠夺中国矿权入手的。

列强对中国矿权的掠夺

列强觊觎中国矿权已非一日。自从它们经过两次鸦片战争打败了中国后，对中国矿权的掠夺就早已纳入它们的战略之中。甲午之前，洋人们对中国的矿藏的方方面面已经有了相当的了解，这就为甲午后他们掠取中国矿藏的开采权做了前期准备。

列强进行这项工作是有计划有步骤的。就像英国发动第二次鸦片战争需要寻找"亚罗"号这样的借口一样，这次轮到德国。在1896年，德国就借口干涉还辽"有功"，向清政府租借胶州湾，清廷未允；1897年，德政府又借口"曹州教案"（两个德国传教士被杀），径自出兵占领了胶州湾。清政府与德国于1898年4月签订了中德《胶澳租借条约》。这在国际法上是史无前例的。条约第二章第四款规定："德国得在山东境内自胶州湾修筑南北两条铁路，铁路沿线两旁各30里以内矿产，德商有开采权。"1899年，德商瑞纪洋行攫取山东5处采矿权。1908年，德政府又攫取井陉煤矿。在此条约之前，1895年6月中法签订了《续议商务专条附章》，其第五条规定"中国将来在云南、广西、广东开矿时，可先向法国厂商及矿师人员商办"，但同时规定："其开采事宜，仍遵中国本土矿权章程办理。"可见，这个章程只是开了外国干预中国矿政的先例，还没有使中国丧失矿权；而《胶澳租借条约》则完全否定了中国的矿权主权，为列强攫取中国矿权开了先例。

　　英国接踵而至。1898年，英商在伦敦组织了一个"福公司"，在中国北京设了一个分公司（Peking Syndicate），以贿赂和威逼的手段，于该年与山西商务局签订了所谓的《山西商务局与福公司议定山西开矿制铁以及转运各色矿产章程条例》，其第一条规定："山西商务局禀奉山西巡抚批准，专办盂县、平定州、潞安、泽州与平阳府属煤铁以及他处煤油各矿。"第十四条又规定："山西商务局所借福公司银一千万两（系着估之数），将来每开一矿，实需资本若干，由福公司拨用后，准福公司所用之数造印借款股分票，刊刻章程，定期发还。"由此可见，福公司实际上攫取了山西的矿权。与此同时，福公司又与河南当局签订了《河南开矿制铁以及转运各色矿产章程》，攫得了"怀庆左右黄河以北诸矿山各矿"的开采权。1902年，英国又插足云南境内临安、澄江等七府的各种矿山；1905年，插足四川江北煤田；1912年插足河北门头沟煤矿；1915年插足吉林望宝山煤矿、广东煤矿等。由于英国在华"势力范围"几乎覆盖了全中国，所以这一时期它到处插足，准确说是到处攫取中国矿权。

　　沙皇俄国这时早已急不可待了，它最早染指中国东北矿山。1895年，俄国与中国签订了《加西尼条约》，取得了在中国开矿的权利。但它不满足，1896年6月3日胁迫清政府签订了《中俄密约》，同年9月又签订了《合办东省铁路公司合同章程》，攫取了东省铁路沿线的采矿权。1898年又逼迫清政府签订了中俄

《东省铁路公司续订合同》，攫取了南满铁路沿线 30 里以内的煤矿开采权。1901～1902 年，帝俄又挟制吉林、黑龙江、辽宁三省地方当局根据《加西尼条约》签订了开矿的具体合同。如 1901 年 7 月签订的《吉林煤矿合同》，其第二条规定："于采掘煤矿等事铁路公司有独擅之权，可先行于他公司之人施行采掘，若有华人或洋人，或华洋同办人，欲在该公司所经营之煤矿铁路两旁 30 华里施行采掘，则未经该铁路公司允许，一概不准举办……其铁路两旁 30 华里以外，或由公司独办，或由中俄两国合办均可。"俄国关东军总督阿力喀塞克夫声称："各国有欲开办东省之矿者，一经俄人允许，即可施行，中国不必过问，而中国则不得以某国欲开东省矿产商于俄人。"同年 12 月 5 日，又签订了《黑龙江煤矿合同》，其中第二条规定："采掘煤矿之时应照下列三条办理：①铁路两旁 30 华里以内之地，公司有采掘煤矿之权；②若有外国人或其他公司或华洋合办之人欲在铁路两旁 30 华里以外采掘煤矿，则须于黑龙江将军未经许可之前先于东清铁路公司商议；③若东清铁路公司欲在铁路两旁 30 华里以外采掘煤矿，则其优先权之区别，须照中国通行之采掘煤矿章程办理。"沙俄通过上述一系列合同或所谓章程，将东北的矿权掠夺至尽。在吉林，沙俄掠有长春附近煤矿、乌吉密煤矿、火石岭煤矿；在黑龙江，掠有扎赉诺尔煤矿、哈尔滨附近煤矿和一面坡煤矿。

法国同样借口"还辽有功"，也伸手攫取中国矿权。它于 1899 年攫得重庆等 6 处煤铁矿的开采权；

1900 年，法国伙同比利时一道取得京汉铁路沿线矿产的开采权；1901 年，又与英商合办的隆兴公司经营云南七府的煤铁矿产；1912 年法商蒲旭又经营湖北阳新县炭山湾煤矿。

日本自中日甲午之役全胜之后，也积极图谋中国矿业。1904 年日俄战争之后，它乘胜俄余威，强占了抚顺、烟台煤矿；1905 年 9 月，日俄签订《朴次茅斯条约》，其第六条规定，俄国将中东铁路南段旅顺、长春间及一切支线与沿线附属财产特权，一律让渡给日本。这样，日本继强占抚顺、烟台煤矿之后，又继承了俄国在中国的矿业权。1915 年 1 月，日本又向袁世凯提出了灭亡中国的"二十一条"，其中第二、五条强迫中国承认日本在南满和内蒙古东部及福建享有采矿权。在第一次世界大战中，德国战败，沙俄被推翻，法国筋疲力尽，日本乘机攫取了德国原在山东占有的胶济铁路沿线采矿权。这样，在攫取中国矿权的列强中，日本独占鳌头，中国东北南满及山东的煤铁矿开采权全为其所夺。

1895～1912 年，是列强攫取中国矿权最多的时期，有关各种矿藏（主要是煤矿）的各种中外条约、协定及合同，共有 42 项之多（这还是不完全统计）。

 列强对中国矿业的投资

中日甲午战争之后，列强在掠夺中国大量矿权的同时，还进行了大量投资，几乎垄断了中国矿业（当然主要是煤炭业）的生产。当时在中国的七大外资煤矿，它们的煤产量，1913 年时合计超过 600 万吨，而当时全国煤矿产量只有 1280 多万吨，占全国煤产量的 51.4%。

19 世纪末 20 世纪初，英、日、俄、德、法是攫取中国矿权的几个最主要的国家，它们对在华的矿业投资，只煤矿一项，即占外国在华煤矿投资总额的 87%。日俄战争后，日本强占了中国的主要煤矿抚顺和烟台。第一次世界大战后，投资中国矿业的主要就是英、日两国了。

七大外资煤矿 开滦煤矿：开滦煤矿的前身是开平煤矿，1900 年八国联军之役英人乘机将开平煤矿骗占，后中方又成立滦州煤矿，想"以滦收开"，最终还是被英人合并过去，成为外资的开滦煤矿。那么，开平煤矿是如何被英人骗占的呢？

开平煤矿是中国企业家自己经营的一个极为成功的矿业企业，而正是由于这一点，外国资本家对它忌恨不已，并早已起攫取之心。在唐廷枢主持该矿时，开平业务不断扩大。随着开平业务的继续扩大，既有的运输系统已不能适应扩充后的业务。开平拟在秦皇岛建立运煤码头。可惜唐廷枢于 1892 年去世，张翼继任后，筹借大量洋款，一时间码头建设进展明显，煤炭输出量增长不少，不过这种好景不长，1900 年的八国联军入侵中国终于使外国资本家找到了攫取开平煤矿的机会。

秦皇岛开辟为口岸并作为开平煤矿的专门运煤码

头后，英商墨林（Moreing）常来开平与总办张翼磋商借款事宜。而这个英商墨林拥有的英国毕威克—墨林公司（Bewick Moreing Co.）是一个专事掠夺殖民地、半殖民地国家矿产资源和经营国外矿业的垄断商行组织。它早已觊觎中国开平优质丰富的煤炭资源。1892年，墨林第一次来到中国，便寻访张翼的顾问德璀琳，邀他合伙成立"直隶矿务局"。墨林也看中开平矿务局代理的秦皇岛地亩和经营的港口、码头，他扬言要"举办一些伟大的事业"。同年9月，德璀琳给返国的墨林去电要他赶紧委派一名矿师（工程师）来开平煤矿进行调查，为他们"伟大的事业"做准备工作。1899年2月，墨林推荐胡佛（Hoover, H.C.，后任美国第31位总统），经德璀琳介绍给张翼，胡佛被任命为开平煤矿的矿师，充当了张翼的"技术顾问"。

这个胡佛当然不仅仅是个工程师。他来到开平后，搜集了开平矿的政治、经济、劳动组织、生产管理、交通运输、产销合同、资源储量、范围、水文、地质及开发利用等重要情报。1900年，胡佛又来到秦皇岛驻留，搜集了秦皇岛港口现状及未来发展的可能性等有关资料。同年6月1日，他向毕威克—墨林公司提供了详尽的《关于中国天津开平煤矿之调查报告》。胡佛在《报告》中写道："这项产业（指开平矿务局）肯定值得投资100万镑，这个企业决不是一种投机事业，而是一个会产生非常高的盈利的实业企业。"同时，他在《报告》中也对秦皇岛港口进行了分析，说它是"形成公司（指开平）的一个独立的深水不冻港口"。这份报告再清楚不过地说明了外国资本家对开平的企图——把开平矿攫夺到手！

机会终于来了。1900 年，八国联军攻陷天津，开平矿务局即被联军占领，张翼被英军拘禁。曾经任天津税务司和张翼顾问的德国人德璀琳从中斡旋，不久才获释放。张翼为寻求庇护，任德璀琳为开平煤矿代理总办，并委托他借贷外款。此时，德璀琳颇有"临危受命"的样子，他慨然应允"代理"这个总办，并大模大样地公然行使总办职权。这位"代理"洋总办首先以总办名义与英商墨林的代表胡佛进行谈判。这场谈判完全是一幕活剧，名为中外之间的商业谈判，实为洋人们"自己人"之间的一次商业会议，此次会议的议程是如何将开平矿堂而皇之地变为外国企业。胡佛不愧后来能成为美国总统，按他的建议，由德璀琳代表张翼，胡佛代表墨林公司，订立一纸"卖约"——开平煤矿"主动"将自己出卖。1900 年 7 月 30 日将开平煤矿卖给墨林公司，墨林公司又将"卖约"篡改为一份假合同，转手将开平煤矿卖给了"东方公司"，并于 1900 年 12 月 28 日在伦敦注册，资本定为 100 万镑，同时将开平矿务局改为开平矿务有限公司。

依"卖约"所载，出卖的财产，除唐山、林西、胥各庄 3 个煤矿以外，还包括秦皇岛地皮 4 万亩、新河地皮 8 万亩、运河 14 英里，以及天津、塘沽、烟台、牛庄、上海、香港、广州等地码头 8 处，还有上述各地及杭州、苏州、吴淞、胥各庄、天津英租界等地皮 100 余英亩。此外尚有轮船 6 艘，建平金矿、永平金矿、洋灰厂和津唐铁路股份，天津总局房产、胥各庄煤栈等。

上述"卖约"，张翼曾拒绝签字，但他在英人的欺骗利诱之下，于 1901 年同德璀琳、胡佛等人签订了一个"移交约"和一个"副约"；前者等于承认了"卖约"，后者加了"将该局改为中英公司"一语，仅此一条，开平矿的性质就改变了。另外还有"张大人翼仍为该公司驻华督办"一条，这实际上是反主为客，原为开平总办的张翼反而成为开平这个"中英公司"的驻华代表了。有此一条，张翼乃以"加入各国商股"、"改为中外合办"为词蒙奏清廷。其实，开平矿局并非合办，张翼也不是什么督办。但从法律角度讲，开平既已在英国注册，墨林公司实际收买了它，开平已是外国公司了，尽管它是被德璀琳、胡佛等人给骗卖的。

开平矿局原股本为 150 万两，经营 20 余年，资本已扩张数倍，墨林曾透露当时已值 45 万镑，合 270万～350 万两；1900 年时，该矿局股本为 150 万镑，依当时汇率约合 165 万镑。而英人只分给中国老股东共 37.5 万镑的股票，作为"一切权利利益之完全赔偿"。当时开平的 100 万镑股票中国所分得者至多不足44％。也就是说，中国股东蚀去（准确说是被英人强夺去）股本 2/3，就这样，英方还口口声声称这已"加价过半"。

对于开平煤矿这一中国最大的煤矿企业及其附属

的庞大的财产，英人没有付出任何代价就轻而易举地给"收买"了。

开平煤矿已为英人所骗取，而清廷却一时无人知晓。到了 1902 年因英人不准在矿上挂中国龙旗，直隶总督袁世凯才闻知此事，经英国公使证实，才知道开平被骗卖了。袁对张翼连劾三本，主张"规复疆土，保全利权"，声明中英双方关于开平的所有私约均未奏明，政府断不能承认，建议朝廷一面应饬外务部迅速照会英使，声明该矿系中国官督商办的产业，胡佛私约断难承认，一面责成张翼设法迅速收回，万一英商必须合办，亦应由外务部查照奏定章程，另订合办章程，专案奏准以资遵守。

1905 年，张翼赴英涉讼。英国法院既判定英商的行为是欺骗，却又判定"三约"有效。这种与虎谋皮的官司当然不会有好结果。

开平矿务局被英人骗占，中方愤恨之极，但弱国无外交，明摆着英方欺侮中国，刚刚经过了八国联军之役并签订了《辛丑条约》的中国，是不敢也无力去和英方硬顶着把开平要回来的，可丢掉了开平实在令人痛心，在忍气吞声之余，中方想出了一个"曲线收开"的办法，即再创办一个煤矿想法将开平再"合并"过来，这自然是中方的一相情愿，但中方有关人员为此也着实做出了不少努力。

1906 年 12 月，直隶总督袁世凯饬天津官银号筹办滦州煤矿，并于 1907 年 4 月成立滦州煤矿公司。创办这个煤矿的目的，中方表面上称是"北洋公私，用煤浩繁，开平一矿，不敷供给"，实则是袁世凯的苦心孤诣："谓非开开平旁近之矿，则大利将尽为人夺。"简而言之，就是要"以滦收开"。英方对此心中自然有数，于是，双方就此展开了一场"商战"。

滦州煤矿从当时各方面条件来讲，并不亚于开平，甚至还要胜过开平。它位于滦州开平镇马家沟地区，就在开平一旁。滦州矿的主要有利条件一是有官家撑腰：它的开办资金主要出于官款。该矿在1906年额定股本200万两，股本的招募由天津官银号办理。200万两股本中，北洋拨给官股50万两，直隶盐斤加价50万两，提拨学款30万两，这三项合计就达130万两。在当时来讲，一个企业在创办时能得到官方拨给的这么多的资金是很可观的。当然，官方如此支持是为了达到"以滦收开"的目的。因为该矿名义上还是商办，所以在官款外还有70万两商股。另外，该矿以"为北洋官家用煤便宜而设"的名义，矿界划得特别宽，马家沟、陈家岭、石佛寺、赵各庄、无水庄、白道子、洼里等处均被圈购地亩，划作矿区，矿区之宽已超过开平。总之，中方处心积虑要达"以滦收开"的目的。卧榻之旁岂容他人酣睡？英方对此则用尽一切办法抵制。它先搬出开平旧规即"唐山十里以内不准他人开有"以及马家沟、赵家沟等地区均属开平为由，要求滦州矿停工，中方当然不会从命；驻京英使又令英总领事向北洋大臣商停滦州煤矿，直督杨士骧据理驳斥，英使又向外务部交涉，而直隶全省绅民则全力相拒，相持又一年余。英方自知骗取开平并非那么冠冕堂皇，连英公使出面交涉都不那么理直气壮。中方一面据理驳回英方的无理要求，一面展开"商战"，不但不停工，反而加紧生产，其结果是两矿跌价竞争，到头来双方均有不支之势，于是又都坐下来进行谈判。中方以"收开"为交涉基础，拟定了两条办法：一是由政府接受开平公司矿地和财产欠债，以该公司最后年终结账之日为断，一俟该公司移交时，即给以100万镑长年7厘利息国家担保之债票，5年之后20年之前赎回。至该公司原有债票40万镑，或全数还款，或全数换给7厘新债票，或分别还款换票，均听票主自便。这是英商完全脱离公司的办法。二是由政府接受开平公司矿地和财产欠债，以该公司最后年终结账日为断，由中国设立一官督商办公司，开、滦两矿一并开采；资本2000万两分为200万股；开、滦财产同价，各分100万股。股东权利义务一遵中国矿章办理。至于开平原有债票40万镑，或还款，或换给新公司债票，亦听票主自便。这是英商并不脱离公司的办法。

这两条办法，依实来讲，中方是很合情合理的，既不脱离现实，注意照顾英方的既得利益，提出了双方都能接受的条件，又要努力达到收回开平的最终目的。作为英方来讲，他们也自觉无话可说。

但是这两条办法并没有实现，一是当时出卖开平的张翼为一己私利，从中阻挠；二是当时政局不稳，清政府又面临"内乱"的威胁，大局堪忧，一个开平已顾不上考虑了。

这种情况，倒给了英方以可乘之机。他们就利用中国官方惧怕革命的心理，对中方人员威胁利诱，把不利局面扭转过来。滦州资本家十分惧怕革命，以至于主动提出与开平"联合"，含有借洋人之力以图自保之意。他们委派公司协理李士鉴为代表，与开平代表那森（Major W. S. Nathan）开议合办，双方签订了草合同17条，附件9条，副则8条。合同主要内容有：设立开滦矿务局；两公司股本各仍其旧，付开平股本100万镑，滦州股本100万镑；所得净利在英金30万镑以内，开平公司股东应得60%，滦州应得40%；过此盈余之数，两公司股东平分；矿界之规定，则仍各为主体，不相侵越；自合同签订之日起，10年后滦矿公司应有权可将开平公司之全产由两造商定公道价值购回。

1912年6月1日，袁世凯政府批准了这个合同，开平、滦州矿权遂告丧失，中国蒙受了比开平矿被英人骗卖更大的损失。袁氏之如此行径，盖因其所处情势所致。前者，袁氏为清廷重臣，争一开平之得失，当是为臣分内之事；而且，袁氏素以能臣见称，原劾张翼及所提收开措施，都还有可行之处。但在1912年，袁氏已成为民国大总统了，如何保持他最高统治地位为其最大心事。他不愿意在争夺最高权位之时得罪洋人，相反，他还要尽力结好于列强，为区区一开平乃至滦州得罪英人太不合算，倒不如批准合办合同，顺水推舟做个人情。在这件事上，袁氏一己私利就远放在国家利益之上了。

英人骗取开平煤矿，清廷始终未予承认，英人所要权益一直无法理根据，连英国法院都判定此案为英商的欺骗行为，所以，英方在与中方交涉时自知理亏，总是采取拖延搪塞的态度来对付中方的积极提案。而袁政府批准了"联合合同"，英方骗占开平取得了合法地位；非但如此，英方还意外并"合法"地攫取了滦州矿的矿权。滦州矿区比开平大 10 倍，当时产量滦州占七成，开平仅占三成。若在中国官方的全力支持下，进行一场价格战，中方胜算在握；而"联合合同"规定，净利在 30 万英镑以内时，滦矿只占四成，开平反得六成。故如盈利为 30 万镑时，滦矿每年要损失 9 万镑！而且"联合合同"虽有"自合同签订之日起，10 年后滦州公司应有权可将开平公司之全产由两造商定公道价值购回"，但事实上，自 1912 年以后的 10 年，中国政局动荡不安，中方尤其是滦矿资本家（主要是北洋官僚大员，如周学熙）只求保住已有的一些利益。滦矿每年损失如 9 万镑计，10 年就是 90 万镑，这笔不小的财富固然使滦矿资本家们心疼，可总比万一政局有变滦矿全部损失要强些；如与开平联合，有洋人作大旗，保险系数就大为提高。两相比较，还是联合合算。至于 10 年后滦矿有权以公道价格购回开平全部财产，由于这时滦矿资本家已有求于英方了，所以，所谓以"公道价值"购回原开平全部财产云云，全成空话。更令人沮丧的是，"联合合同"附件 7 规定：开滦矿务总局应遵照"中国通行中外合办矿章"办理，但副则第二条又说："所言中国通行中外合办矿章包含有已经各国公认之意。"这种老奸巨猾的外交式辞令用于此处，就是利用外交辞令语义上的模糊性（即在必要时可作有利于己方的解释），取消了合同的第一条。因为列强绝不会公开承认违反中国主权的矿章。事实上，英人侵占的开滦，对于采矿、纳税、矿区、赔偿等也从未遵守过中国法令，俨然一独立王国。

开平、滦州两矿虽然联合为开滦矿务总局，但开平、滦州两矿仍各为主体，从法律上讲，开滦矿务总局不是一独立的公司法人，本身不能享有矿权。从中方来讲，如真想收回开平矿权，并非没有可能。即便是"联合合同"，其第十七条规定，在10年后滦州可将开平的财产"由两造商定公道价值购回"，也还是留有余地的。中方"收开"的呼声和活动其实从来没有停止过。由于涉及一些身为滦矿股东的利益，而这些人又与北洋集团有或深或浅的关系，因而北洋政府内主张"收开"的人一直在活动。待10年期到，即1926年，北洋政府又一次展开"收开运动"。但此时国民革命军已开始北伐，"收开运动"刚刚拉开序幕，北洋政府就倒台了。"收开"又成泡影。

1931年，国民政府再次发动"收开运动"，授权当时的实业部长陈公博负责办理。政府方案主张以滦收开，如滦矿不践约收开，即先行取消其矿权。这个方案与原北洋政府收开方案的精神是一致的。但陈公博有他自己的一套方案，即实行"以部存开"。他表示，只要开平依法纳税，他就可以核准授权，所有新旧各案均可一笔勾销。他不但表示开平公司可以有矿权，而且表示开滦总局也可以有矿权。这个方案的实质不是"收开",而是给开、滦合并大开方便之门。

从法律上讲,开、滦如合并,开滦总局就名正言顺地成为公司法人,本身可以享有矿权。陈公博的态度,使开滦总局英方拟定了一个修改联合合同并赶紧呈上。呈文于1934年4月16日递进实业部,当日即得到陈公博的批准,次日即批稿制行,第三日便缮稿封发。行政院院长汪精卫依此批准。仅仅3天时间,陈、汪二人就承认了清廷和北洋政府都不予承认的英商在开平的矿权。自1900年英商骗取开平到开、滦两矿合并,前后34年,英人终于如愿以偿了!开滦这个中国人创办、经营得极为成功的最大煤矿(也是中国近代最大的矿业)企业终于为外人所骗占并得到国民党政府的承认,成为持有合法依据的在华最大的外资矿业企业。

开滦煤矿是外资在中国经营的最大煤矿之一,1913年产量已达200万吨以上,1920年产量跃增到440万吨,1930年上升到500万吨以上,1942年达660万吨(最高年产)。在1922年前,开滦煤矿年产量居全国第一,1923年后仅次于抚顺煤矿。其产品广销国内外,在世界煤炭市场上享有盛誉。中国出口煤炭主要依靠开滦。1900~1936年,开滦生产煤炭约9857万吨(1912年以后包括滦州煤矿),英商每年获利达数百万元。如此厚利,在世界煤矿史上亦不多见。

中比合办的临城煤矿:临城煤矿局创办于1882年,由于管理腐败,十余年没有多少发展。1902年4月,该局督办钮秉臣具呈袁世凯,谓该矿局与比利时人沙多（Jadot）在 1902 年 4 月 8 日立草合同，议明股本比方先交银 3 万两，拟本年 11 月换立正合同，被袁驳回。袁认为钮所谓李鸿章面谕"矿局铁路，合办为宜"一节，"查无札文"，显系"平空捏造，冀便私图"，并据矿章劾钮等违章，结果，草合同作废，所收比方 3 万两银由钮秉臣归还，第一次中比合办临城煤矿的计划没有实现。

第二次中比合办，始于 1903 年而成功于 1905 年。这次合办，是津海关道唐绍仪和继任津海关道梁敦彦秉承袁世凯的旨意进行的。袁认为，只要"权操自我"，靠筹借洋款，改用西法大办临城煤矿方可见效。唐、梁二人秉承此意，与比利时人沙多磋商了两年，拟定了新办合同 18 款，主要内容有：①该矿系由直隶临城矿务局与芦汉公司（即比利时代理临城借款的公司）合办，矿局派总办一员、华工程师一员及各华员，芦汉公司应派洋工程总办一员及各洋员，均须彼此会商妥洽后，方能委派。遇有应行公事，亦须由华、洋总办商定后，用直隶临城矿务局出名，公共画押。②北洋大臣可委派督办一员，对于该矿各项工程利弊，时加稽核。③芦汉公司未得矿局允许，不得将合办利权和股份转让给他人承办。④矿局向比公司借法金 300 万法郎，约合 92 万两。⑤矿局本有产业利益，作银 50 万两；芦汉公司承认在借款之内，先拨 15 万两交还矿局收回，所余 30 万两作为矿局股本。⑥股本和借款均按 7 厘行息，每年付息所余之款，每百两拨交矿局公积 100 两，与比公司无涉；再有余款，矿局与比公司各半均分。⑦借款以 30 年为期，前 15 年按借款交到实数付息，自第 16 年起分年还本，息随本减。最后 10 年，余款亦减成付给。至 30 年本利全清，所有矿局利益产业即与芦汉公司无涉，此项合同作废。⑧所征税厘虽按照开平矿务局章程办理，每吨纳厘金净钱 84 文及税厘 1 钱，但煤斤出井，每值银 1 两，即须以 5 分报效中国政府，即每百两报效 5 两。至 15 年后，彼此均可知会停办。⑨所有运费须按每车满载煤斤不拘远近每吨应缴运费不得超过洋 1.5 角，每一英里从廉价运费，每吨不得超过洋 1 分。

就整个合同精神说，该合同可以称得上是一个平等的合同。概括起来讲，于矿局有利，于国家主权无损，政府课税可以增加，收回权操之在我。

中比合办临城煤矿自 1905 年至 1920 年，历经 15 年，根据合同第十款"至 15 年后，彼此均可知会停办"的规定，芦汉公司让中国收回了，原因在于合办期间经营失利。

由于经营上的失利，产煤量没有多大的变化，1921 年最高年产仅 28 万吨。

中德合办的井陉煤矿：井陉煤田土法开采历史很久，新法开采则始于 1898 年。由井陉县文生张凤起呈请开采，县署转直隶总督批准。张伙同德国人汉纳根（Hanneker）私订合办契约，获路矿总局核准，成立井陉煤矿公司，资本各 25 万两。公司事务权归中国，矿业实权归德国人掌管。事隔不久，北洋大臣袁世凯取消了张凤起的矿权，将该矿收为官有，特设井陉矿务总局，并饬令津海关道梁敦彦、矿政调查局总勘探师邝荣光与汉纳根另议合办契约。事经两年仍未成议。1907年，杨士骧继任直督，又委派继任津海关道蔡绍基及津浦铁路北段总办李德顺接续前议，于1908年议订《直隶井陉矿务总局与井陉矿务有限公司办矿合同》17条，经直隶总督杨士骧奏准，设立"井陉矿务局"。华股代表已不是张凤起，而是直隶井陉矿务总局，汉纳根代表德股也改称为井陉矿务有限公司。新合办合同，大致以临城煤矿合办合同为范本，其主要内容为：①资本定为行平银50万两，中德各半。②井陉矿务以矿务总局为矿主。③所有井陉矿务局一切用人行政，均须由矿务总局与井陉矿务有限公司互商办理。④井陉矿务有限公司若未经矿务总局允许，不准将它在井陉矿务局的权利或股份转让他公司经理。⑤井陉矿务局的一切事宜，归北洋大臣节制。⑥井陉矿务局报效中国国家和直省的官款，规定按煤斤出井价每吨作库平海关白宝银1两，每百两抽5两作为报效。所纳税厘，每吨纳厘金净钱84文；另纳税银库平海关白宝银1.25钱；合同以30年为期，但合办至15年之后，矿务总局有停办此合同的权力，条件是仅须12个月前通知井陉矿务有限公司，同时，照井陉矿务有限公司原有股本银25万两归还外，另加15倍1年的利益，如果15年后，井陉矿务有限公司要求停办，则矿务总局只消给还他的原有股本，并不另交利益。

在当时的历史条件下，这个合同主要还是有利于中国的：第一，没有丧失国家主权，仍以矿务总局为矿主；第二，没有损害矿务总局的利益，股本各半，余利平分；第三，于中国的税厘有裨益；第四，有权收回。

1914 年第一次世界大战爆发，德人回国，德商所有股份归北洋政府接管，并派矿政司长邢瑞为井陉矿务局总办。合办契约遂告作废。

第一次世界大战结束后，直隶省政府与德商重新商订契约。1922 年，订立改办合同十一条：取消原办合同，将该矿完全收归省有；资本总额定为 450 万元，华股占 3/4，德股占 1/4；合同以 20 年为期，期满后无条件收回；由省长派华局长一员，洋副局长一员。

这个新合同较之原合同又前进了一大步，矿地主权概为省有，改变了权力平均的领导体制和资本各半的股权。

1928 年，直隶省改为河北省，直隶井陉矿务局也相应改为河北井陉矿务局。

井陉煤矿，在中德合办时期，汉纳根积极经营，不遗余力，日产煤炭最多达 2644 吨，平均日产 1340 吨。1936 年年产量达最高峰 882236 吨。自 1908 年中德合办起至 1936 年，共产煤 1253 万吨。

井陉煤矿在产煤最旺时，运输便利，销售京汉路沿线、汉口、保定等处，每年盈利高达 200 余万元。每吨煤成本，1915 年约 2 元，1927～1928 年约 3 元。

日资经营的抚顺煤矿和烟台煤矿：抚顺煤炭资源极为丰富。1901 年，有中国商人王承尧和俄籍华商翁寿向奉天将军增琪先后请求开采，得旨应允。经核准以杨柏堡河为界，河西归王承尧领采，并且同华俄道胜银行合股组成华兴利煤矿公司；河东归翁寿和华人纪凤台合股组成抚顺煤矿公司领采。后来增琪将军以公济堂的名义加入河东方面，并同俄退伍军人卢皮诺夫订立合同，中俄合办。1903年，俄远东森林公司再行加入，两公司合并。外务部尚未允准中俄合办合同，日俄战争已起。1904年，两国在抚顺交战，结果沙俄败北，日挟战胜者之余威，谬称抚顺煤矿为俄人经营，强行占领矿区，并设立抚顺采炭所，开了日本占领中国煤矿之先河。1909年，日本公使又乘清廷政局变动之际，提出解决抚顺煤矿问题，迫使清廷同日本缔结了《五案条约》，其第三条规定，日本政府有开抚顺、烟台两个煤矿之权。从此，日本独占抚顺煤矿取得了条约上的依据。

日方初经营抚顺煤矿时，仅有千金寨、杨柏堡、老虎台三矿，日产煤300吨左右，职工约360人。1908年，煤炭年产量上升到49万吨。1911年，又完成大山、东乡两个直井。1915年，完成万达屋及古城子露天矿。1918年，完成龙凤斜井。1920年，接管"东泽煤矿会社"所经营的搭连坑。1923年，着手开采东岗露天矿。1924年，制订大露天矿采掘计划。1926年，煤炭年产量达到600多万吨，全矿员工已发展到52345人，其中中国员工49520人。至1936年，年产量达到900多万吨。1908～1936年，不到30年时间，煤产量就增长了18倍。1923年以后，抚顺煤矿产量已超过开滦煤矿，成为全国第一大矿，在东亚也首屈一指。抚顺煤在国内运往华南等地，海外运销日本、朝鲜、南洋等地。第一次世界大战前后，抚顺煤炭几乎有独霸东洋煤炭市场之势。大战结束后，世界经济萧条，抚顺煤炭销售受到了一定影响，但产量仍在上升。至1936 年，抚顺煤产量占东北煤产量的77%，占全国煤产量的30%。在不足30 年的时间里，日本就从抚顺掠夺煤炭资源12781 万吨，其中直接运往日本2076 万吨。所以日本视东北为日本的生命线。

烟台煤矿位于奉天辽阳县烟台，距南满铁路烟台车站约14 公里，距连阳车站约25 公里，交通比较方便，其煤质属无烟煤，蕴藏量丰富。1895 年，英人对该矿投资采煤。东清铁路建成后，又为俄人插手。1904 年日俄战争后，该矿亦为日人所强占，成立烟台采煤所。1907 年，由南满铁道株式会社接办。1909年，清廷与日本政府签订《五案条约》，承认日本政府有开采烟台煤矿之权，并于1910 年隶属于抚顺煤矿。日人开始经营烟台煤矿时，仅有一个华子沟斜井采掘，日产量仅数千斤，工人500 名。1926 年开掘新坑。1936 年煤产量达308758 吨，较之1910 年的15231 吨增长了19 倍多，其增长趋势在东北煤矿中仅次于抚顺煤矿。1910～1936 年，累计产量约340 万吨。

英商经营的福公司：1898 年，在《胶澳条约》签订之后，英商福公司（在伦敦注册成立）即在京设立分公司，以借款方式与山西商务局缔结了山西煤铁产销合同。接着，又盯住了河南焦作矿区。焦作矿之煤质量均优。福公司贿买翰林吴式钊等人，虚拟"豫丰公司"名称，与北京福公司代理人罗沙签订《河南开矿制铁以及转运各色矿产章程》20条，其主要内容有：①豫丰公司禀奉河南巡抚批准专办怀庆以北诸山各矿，今将批准各事转请福公司办理，限60年为期。②豫丰公司向福公司借款1000万两。如所派勘矿师以此数不敷于用，仍专向福公司续借。③凡调度矿务与开采工程用人理财各事，由福公司总董经理、豫丰公司总办会同办理。④各处矿产应用华洋董事各一人；洋董管工程，华董管交涉；银钱出入，洋董经理，华董稽核。⑤每年所有矿产照出井之价，值百抽五，作为落地税，报效中国政府。每年结账盈余，先按用本，付官利6厘，再提公积1分，随本减息。一俟用本还清，公积即行停止。此外所余净利，提25分归中国国家，余归福公司自行分结。如有亏折，与中国国家无涉。

豫丰公司既为一虚拟公司，所订章程即是空文，干脆讲就是个假章程，但颟顸的清政府居然批准了这个假章程。由此造成了福公司在实际上无法律依据而在河南独自存在和开采的恶果。从法律和商业角度讲，这完全是一种违法和欺诈行为，其实质与英人骗占开平是一样的。

福公司取得采矿权后，投资1242822英镑，开矿筑路，以夺中国利权。1902年6月，福公司开工兴建矿井，因用机器采煤，产量大，效率高，对附近民窑威胁至大。数十万倚煤为食的居民起而抗争。清政府畏惧民变，命令河南交涉局与福公司订立《见煤后办事专条》10条，规定福公司不得在内地设栈卖煤。由于矿区内铁路主权尚属中国，福公司运煤受到限制。但它利用《道清铁路行车合同》规定的委派行车总管之权，对民煤采取禁运。双方在生产和运输方面冲突频频，福公司并不十分得手，在1898年至1913年这15年中实际获利甚微。

1913年，英国公使出面，建议将该矿仿照开滦"联合办理"，经过河南省方、福公司方与外交部和英使署的代表共同协商后，以取消豫福章程为条件，初次商定各民矿和福公司分别订立"分采合销"合同。后中方又联合中州、豫泰、明德3个民矿公司于1914年组成中原公司。1915年，福公司与中原公司正式订立合同，组成福中总公司。福中总公司作为专销机构，主要职责是：按比例销售中、福两公司的煤炭，订立不同时期《售煤比例合同》，确立两公司的售煤比例。合办合同中，对调整主客关系、安顿土窑生计等方面也做了相应的规定，福公司方面做出一定让步，缓和与中方中州地区人民的矛盾，冀以巩固既得利益。只是1917～1920年，矿井遭水淹没，生产锐减，营业不振。直到1921年，李封一带新矿井投产，生产才有起色，营业兴盛，但福公司不遵守联合合同，又侵犯当地民窑利益，激起当地人民的反对，1925年，当地煤矿工人配合五卅惨案的斗争进行了大罢工。

本溪湖煤矿：1905年，日俄战争结束，日商大仓喜八郎凭借胜俄强权，禀请关东总督准许，强占本溪湖煤矿并从事开采。中方对此极为关注并反复与日方进行交涉，日方初以该地系未撤兵之地为由，对中方要求置之不理，径自开采；1908 年该矿（大仓炭坑公司）奉日本驻辽军政署示，军队撤退后，在领事监督下，仍可经营矿业。于是安东日领事据此照会中方，同年 5 月，大仓来奉，中日重商合办该矿。1910 年，双方正式签订合办合同，成立中日商办本溪湖煤矿有限公司。资本双方各半，共 200 万元；1911 年，中日各增资 100 万元，改名为中日商办本溪湖煤铁矿有限公司（增加了庙儿沟磁铁矿）；1914 ～ 1916 年，又增资并扩大开采区域。所谓中日合办，实际为日方垄断一切。

从 1910 年起，在日人的锐意经营下，本溪湖煤矿逐步发展成为大规模的近代化煤矿，到 1936 年止，共产煤 1100 万吨，所产煤炭全由"满铁"包销，主要销地为东三省。全矿重要职员，日人占 2/3，华人占 1/3，且待遇相差甚大，工人基本上全用中国人。

华德公司：1898 年德国强占胶州湾并迫使清廷签订《胶澳租借条约》，取得了胶济铁路沿线两侧 30 里以内的各种采矿权，据此，德人于 1899 年在青岛设立山东矿业公司（即华德矿务公司），专营山东矿业，资本为 1200 万马克。此矿名义上为中德合办，但实权则操诸德人之手。1901 年，在德人胁迫下，清廷批准了《华德矿务章程》，肆意扩大德方权益，使山东矿权全入德人之手并有条约为据。但德人实际开采的仅有坊子、淄川、博山 3 矿。坊子煤矿于 1899 年 10 月开采，有新旧二井，都有德人持枪督工，日产煤 600 余吨；淄川矿于 1904 年 6 月开办，先后开凿三个竖井和一个通风井，煤质极佳，可炼焦炭，1909 年产量达 32 万吨；博山煤矿有新旧二井，煤质亦极佳，1909 年产量达 40 万吨。德方欲继续扩大规模，增加投资，使煤炭日产量达到 4000 吨的水平，只是由于坊子煤矿于 1907 年 8 月发生瓦斯爆炸，1913 年又发生透水事故，最高目标未能实现。1914 年第一次世界大战爆发，德国在山东经营的煤矿随即转入日本人手中。

日本取代德国占领山东淄川等处的煤矿后，扩大生产规模，采取军管。以直接经营为主、贷款合办为辅的经营方式管理煤矿，直至 1921 年。当时，日本直接经营的有淄川煤矿，租借经营的有坊子煤矿，委托经营的有华坞煤矿。所产煤炭 40% 供应军需，其余悉数投入市场销售，盈利较高。1915～1921 年，盈利总额达到 1508.38 万元。

第一次世界大战结束后，列强不欲日本独占山东权益，因为这不符合"门户开放"的要求。1921 年 11 月 12 日，在华盛顿召开的"华府会议"上，列强讨论了山东问题，在英、美等国的斡旋下，1922 年 2 月 4 日签订了中日《解决山东悬案条约》，其中第 22 条规定日本应将矿权归还中国，"按照中国政府特许状所组织之公司接办"，准收日股，但不得超过中国股本之数。这是一个折中的方案。列强不许日本独占山东矿权，这样，中国才得以名义上与日本合办公司。根据条约，日本正式将淄川、坊子煤矿交给鲁大公司。这个公司是 1922 年 8 月正式成立的，名为"鲁大矿业股份有限公司"，中日合办，资本总额 1000 万元，分为

20万股，中日各半。表面上中国收回了一部分权益，实际上仍是日本独操实权。

外资和中外合资经营的其他中小型煤矿 1895～1936年，由外资和中外合资开办的煤矿，除上述开滦等几个较大的煤矿外，尚有其他若干中小型煤矿，如俄人经营的札赉诺尔煤矿、中俄合资开办的穆棱煤矿、中日合办的大兴大新公司等，共20多处。这些煤矿，规模较小，产量不多，主要的有如下几个煤矿。

俄人经营的札赉诺尔煤矿：俄人于1901年侵占此矿。未经中国政府允许，俄专家即到矿区探测。1902年，由东清铁路投资18.4万卢布，设矿务专科，擅自开采。1904年，产量达45万吨。1905年和1910年，矿区先后遭受火灾和水灾，矿井受到破坏，产量减少。1913年以前，所产煤炭全部供给东清铁路消费，以后有少量运销其他城市。

中俄合办的穆棱煤矿：1923年，有久居哈尔滨的俄商谢结斯，到中东铁路东线察看，垂涎于穆棱煤矿。1924年，与吉林省当局接洽，并签订合办契约。议定资本总额600万元，中俄各半，俄方出资300万元，中方即以矿区作资本，组织穆棱煤矿公司，督办为中国人，会办为俄国人，职员各半。每年盈余平均分配，一切权利完全平等。开采伊始，获利甚巨。1931年最高年产量达38.8万吨。

该矿自开采之后，年有盈余，1928年盈利达150.5万元。

中英合办的四川江北厅煤铁公司：中英合资开办

江北煤矿始于 1905 年，由四川矿务局暨保富公司招侨渝英商立德乐议设华英公司，并签订合办合同 16 条。合同规定：成立华英合办江北厅煤铁公司，华官主政，洋人不得与闻；中国和别国如有战事，该公司不得接济别国；等等。

由于英商贪图厚利，任意开掘，先后开了开窟六厂。川绅不甘丢其利，倡议收回自办。由江合矿务局出面，与英商据理力争，终于 1911 年 7 月以沪平银 22 万两收回自办。

中英法合办的隆兴公司：隆兴公司（英法七府矿务公司）所辖矿山在云南境内，即云南、临安、澄江等七府各矿山，滇越铁路经过矿区，交通尚称方便。

云南矿产丰富且开发历史悠久。英、法两国对云南矿产觊觎由来已久。1898 年，法国派越南商务副大臣白宣罗（即弥乐石）带领巨商白兰游行云南，勘察各矿厂，并贿洋务局总办兴录及矿务局督办唐炯，要求开采各矿。1901 年，法要索阿迷煤矿，经政府许与。阿迷煤矿为云南最富饶最精良之矿产，至此为法人所夺。而法人欲壑难填，又派工程师克业至滇，贿兴录及滇督魏光焘、滇抚李经羲，私通矿务督办唐炯等，要求开迤东南矿产，事将成议，驻滇英领事勒得起而与争，法领事方苏雅恐事败，许以分利，于 1902 年成立英法隆兴公司，订立合同。按照合同，该公司有权在云南七府厅境内开矿，矿地面积甚广，铜、金、银、煤、锡、煤油、宝石、水银等无一不具备，已开矿井有 59 处，该公司括地之广，即此可见一斑。1911 年，中国政府以银150万两的代价赎回了云南七府矿区。

中日合办的大兴大新煤矿公司：大兴大新煤矿公司位于热河省阜新县商邱。1915年，周圭璋与日人今井邦三订约合办大新公司，资本80万元，30年为期。同年，顾志康与日人河野太郎订约合办大兴公司，资本150万元，中日各半，30年为期。此矿原为华商所办，只因1914年日人大日方一辅等3人在阜新县被枪杀身死，日方向北洋政府要求抚恤金3万元，并以40平方里矿区作交换条件，强行占领。

中日合办的大窑沟煤矿（通裕公司）：通裕公司于1905年由辽宁颜元乐、安徽朱可园、江苏王歧山与单泳春等人组织，资本20万两。同年在商部立案。后经两次增资计达100万两。矿区面积为5378亩，1915年自筑铁路，自沙锅屯直达女儿河与北宁铁路接轨，采取路矿兼营。煤质可以炼金焦，年产约10万吨。1917年，矿井被淹；1918年，路矿分开，煤矿招外商合办，由中方代表陈应南和日方代表安川敬一郎商订合同25条，股本中日各半，合计300万两。同年，转咨农商部备案，12月正式批准为中日合办锦西大窑沟煤矿有限公司。公司设总局于天津。中方经理和日方总矿师管理一切事务，公司重要职员30余人，中日各半。共同经营了四年，因无厚利，1922年12月，安川敬一郎提出退股，所有日股弃权。公司一切权利暨机器、财产，完全归中国股东享有。

中日合办彩合公司：彩合公司所辖煤田，位于辽宁省本溪县上牛心台的红脸沟和大小南沟，贴近本溪湖煤矿，交通尚称方便。

大小南沟矿区，原为华商辛茂弟等人领办，于1907年由农商部核给开照；红脸沟矿区，原为华商高锡五等人领办，于1911年3月由农商部核给开照。两处煤矿矿权，完全属于华商，为1915年袁世凯与日本缔结"二十一条"时允许日方勘探开发的南满九矿之一（所谓九矿，根据1915年5月25日外交部给日使照会，包括牛心台、田师傅沟、杉松关、铁厂山、南池塘、鞍山、海城、缸窑、夹皮沟等九矿）。由华商周自新和日商石本贯太郎合办，资本小洋10万元，中日各半。1918年经农商部批准发照，合办期限依合同订明30年。矿区面积1422亩，年产能力为10万吨。

中日合办的老头沟煤矿：1918年11月19日经农商部批准，由吉林实业厅与日商饭田延太郎合办，资本20万日元；中方以矿产价10万元入股。矿区面积约3平方公里，煤产量1923年为1500吨，1934年上升到54000吨。

中日合办的旭华公司：1921年经农商部批准，由华商管象坤和日商冈崎忠雄合办。资本国币20万元，中日各半，年产约5万吨。产量虽然不大，但这个矿区是日华合办山东煤矿的第一次尝试，1928年因山东局势动荡，日商不与合作，遂由管商独自经营。之后，管商又将此矿租给丁良臣开采。1930年国民政府欲根据新矿业条例收归国有时，鲁大公司插足，由"满铁"出面向旭华公司贷款30万元，又取得合办权。

中日合办的博东公司：此矿原为矿商徐永和于

1909 年创办的信成公司，开采黑山前根煤矿。1915 年
12 月经农商部批准，徐商正式开采。1914 年第一次世
界大战以后，日人占领胶济铁路，日商东和公司也插
足此矿，经徐商与东和公司订立卖炭契约，预支押款 3
万元。1917 年 3 月，继续与东和公司续约，将业已领
照的黑山前根和正在呈请合并的福山坡、王家裕、大
岭根 4 处矿产预支押金 5 万元，计欠东和公司 8 万元。
徐商于 1919 年 8 月呈请山东财政厅转呈农商部，将先
后采掘的 8343.4 亩矿业权，全部让与矿商陈翰轩，东
和公司债款由陈商负责还清。后又因陈与东和公司债
务不清，有日商投资在内，无法清算，遂改为中日合
办，与日商东和公司代表三宝俊二订立合同，1923 年
9 月 22 日正式批准，1924 年 7 月成立博东公司，资本
为 60 万元，中日各半，中日经营时代矿区面积达 6240
亩。此矿煤质优良，营业隆盛，日产 350～600 吨，在
中日合办煤矿中，仅次于本溪湖煤铁公司和鲁大公司。

 日本对华矿业投资

甲午战后至九一八事变　日本在华投资中，矿业
投资占有重要地位。1931 年前后日本在华投资 8 亿余
日元中，矿业投资 1.8 亿日元，居第二位，仅次于铁
路。

甲午战争后，日本从中国勒索了巨额赔款 2 亿两，
而日本当时每年财政收入不过 8000 万元。这笔掠夺来
的巨额财富使得日本朝野上下顿感"无比的富裕"，它

竟成了日本工业化的财政基础。甲午之战日本虽胜，它的国力实则有限，自己还处于工业化的起步阶段，资本尚且不足，一时难以向外输出资本。不过，这种情况很快就发生了变化。日本的国策，是要"开辟海外万里波涛"。至 20 世纪初，除中国外，世界领土已被列强瓜分殆尽。唯独对中国，他们没有独霸独吞的能力，无奈，只好实行"门户开放"政策，利益均沾。日本则毫不领情，它要独霸中国，为了实现这个野心勃勃的世纪梦，日本走上了对外武力扩张的军国主义道路。日本把从中国掠夺的 2 亿两白银的 75% 用于准备战争和所谓战争善后事业，每年预算的 40% 以上直接列为军费。中日甲午战争、日俄战争，一系列的冒险胜利使得昔日的蕞尔小国一跃而成为世界强国。

日本极为看重中国的矿藏。日本自然资源贫乏，用于工业化和战争的重要资源——铁，尤其匮乏，煤矿虽有但质量均差。所以，中国的煤铁矿便成为日本的猎物。

日本对中国重要矿业资源的掠取主要采取直接与间接两种方式。

直接的方式，换句话说就是用军事手段直接夺取。日俄战争后，日军强行占领抚顺和烟台煤矿。事后，又逼迫清廷以条约的形式予以承认。1908～1936 年不足 30 年的时间，在日人的锐意经营下，这个煤矿已经成为中国第一大煤矿，至抗战前夕，抚顺煤矿的煤产量占中国煤产量的 30%；也就是在这不足 30 年的时间内，日本从抚顺掠夺了近 1.3 亿吨煤。本溪湖煤矿也是日方用同样手段取得的。后虽有中日"合办"之名，实则日方垄断这个煤矿的一切。除此之外，1912年，日本财阀大仓组强行开采了辽宁庙儿沟铁矿（后并入鞍山铁矿）；1914年，大仓组又借口矿师被杀要求赔偿，强占了新邱大兴和大新两煤矿。1914年，日本又用武力占领了原华德煤矿所属的山东淄川、坊子和金岭镇煤矿，采取军管以直接经营的方式进行管理。至此，七大在华外资煤矿竟有三个是日本借助军事手段夺占的。这些煤矿被日本独占至第一次世界大战结束后，由于日本的行为不符合列强"门户开放"的原则，最终被迫将矿权交还给中国，作为补偿，日方获得了特许与中方合办公司的权利，这个公司即鲁大公司，名义上是中日合办，实则日本独操实权。

间接的方式主要是借款、合办两种方式。借款方式中最有名的就是日本对中国汉冶萍的借款。

甲午战后，日本大力发展钢铁工业，八幡制铁所为了取得铁矿石原料，1899年同大冶铁矿签订了为期15年的购买矿砂合同。1904年日本兴业银行借给汉冶萍公司300万日元，并与之签订为期40年的购买矿砂、生铁合同。此后10余年，日本兴业银行、横滨正金银行和三井物产会社曾多次借款给汉冶萍公司，其总额约2800万日元。借款的条件极为苛刻，利息很重，而最重要的是日方通过借款控制了大冶铁矿，大冶铁矿自开采至1935年的39年间，共采矿石1200万吨，除国内自用340万吨外，其余860万吨，也就是70%多的矿石运往日本，成为日本钢铁企业的原料。

此外，日本还对中国的矿业进行了一系列的借款。

1915年，日本古河石炭矿业会社对经营湖南省绿紫坳铜山矿的华商兴湘公司提供了153300日元的借款；1916年，该会社又对山东振华矿务公司提供探矿费借款3.3万日元及矿务收买费借款1万日元。同年，日本兴亚公司对中国政府提供湖南水口山等矿的经营资金借款500万日元；中日实业公司对安徽省裕繁铁矿公司提供企业资金借款171.2万日元；大仓组对南京华宁公司提供南京秫陵铁矿开发资金借款100万日元。

1918年，日本对华的矿业借款有：三井矿山会社对安徽省福利民铁矿公司提供借款360.9万日元；高木合名会社对华商饶孟任提供江西余干煤矿采掘资金借款5万两；中日实业公司对湖南省志记、私记两家锑精炼厂提供事业资金借款15万元，对华商谢重齐提供湖南省诸矿山经营资金借款45万元，对湖北省开源矿务公司提供事业资金借款20万元；由三井、古河、大仓、铃木、高田5会社以同等比例出资组建的兴源公司对湖南省政府提供水口山的铅和亚铅扩大采掘资金借款30万日元。

1919年，日方安川敬一郎对汉冶萍提供借款125万日元；大仓组对江西富乐矿业公司提供事业资金借款26.7万日元，对南京华宁公司提供借款467450日元；古河石炭矿业会社对华商张福生提供安徽泾县煤矿采掘资金借款7万余元。

1920年，中日实业公司对安徽裕繁公司提供事业资金借款 250 万日元；上述日本 5 财团合组的兴源公司对北平民康公司提供其经营山东大同煤的机构同宝公司 50 万元；三井物产会社对广东官煤局提供借款 10.5 万元。

1921 年，古河石炭矿业会社对华商张福生提供借款约 11 万元；三菱商事会社对河北龙烟铁矿公司提供事业资金借款 6.1 万日元。

1923 年，中日实业公司对安徽裕繁公司提供借款 250 万元；大仓组对河北正丰煤矿公司提供事业资金借款 150 万日元，对北平同宝公司提供借款约 34.8 万元。

1924 年，中日实业公司向华商韦明提供湖南志记锑化炼厂经营资金借款 11.1 万日元。

借款是一种相当有效的控制方式，一般都要在借款合同上写上有利于债权人的条件。而合办看来更是一种有效的控制方式。

1912 年，中日合办的彩合公司经营辽宁牛心台煤矿，日方出资者为满洲炭矿株式会社。

1922 年，日本被迫将淄川、坊子煤矿交给中日合办的鲁大公司。

此外，中日合办的矿业公司有大兴大新煤矿公司、通裕公司、老头沟煤矿、旭华公司、博东公司（详情见本章第二节）等。一般来说，中日合办，大多是日方实际控制公司的业务，操掌实权，有利则续办，大部盈利归日方；也有由"合办"而成为日资企业的，如大兴大新。

而日方更感兴趣的，是他们在《马关条约》中明文规定的在华设厂权，其中自然包括矿权。虽然由于中国反日情绪很浓，且条约上的规定也往往不易实现，但是日本惯于得寸进尺，除已到手的权益外，还要向中国索取更多的权益。

1915年，日本提出"二十一条"，强迫中国政府同意由日本取得更多的在华矿权。其第二号第四款称，"中国政府允将在南满洲及东部内蒙古各矿开采权，许与日本国臣民"。日本所要求的各矿有：辽宁海城、盖平、辽阳鞍山等地铁矿，辽宁本溪湖田师傅沟煤矿，辽宁锦县南池塘煤矿，通化县铁厂山煤矿，吉林和龙县杉松关煤铁矿，本溪湖牛心台煤矿，辽宁海龙县煤矿，吉林附近的缸窑煤矿，吉林桦甸县夹皮沟金矿等。由于中国人民的坚决反对，日本没能马上获得这些矿的矿权。但1915年日本强占了吉林五道口煤矿，又采取由华人于冲汉出面而实际由"满铁"经营的办法接办了辽宁辽阳的鞍山铁矿和大孤山铁矿，两矿后归满洲制铁株式会社经营。

1918年，"满铁"开始开采辽宁辽阳的樱桃沟铁矿，矿后归满洲制铁株式会社经营。

从1905年日本强占抚顺等矿到1918年短短的10余年间，中国东北和华北的矿藏有的被其攫取，有的则被其渗透和控制。在这段时期内，日本基本上奠定了在华矿业投资的基础。

一般而言，日本对华矿业投资，直接的方式只局限于东北；在关内，基本上是间接的方式，即主要以借款来达到控制中国矿业的目的。合办形式则次之。

20世纪20年代后半期，由于1925年五卅运动及随后的北伐战争等因素，日本在关内的矿业投资（包括借款）基本上处于收缩状态。但从总体上看，20年代后期日本在华矿业，关内以煤矿为主，日资及中日合办煤矿1926～1928年的产额占全国总产额的1/3，仍然维持着可观的规模。

在东北，则继续扩张。煤占80%，铣铁则占100%。

日俄战争后，日本先占据南满，嗣因俄国发生十月革命，在东北势力逐渐收缩，日本势力则渐侵及全东北。截至1931年，仅"满铁"对东北煤矿的投资就达11787.2万日元，铁为2771.4万日元，总计日本在华矿业投资（不计借款），1930年为17493万日元，其中东北为16521.3万日元，占94.4%。

九一八事变后至七七事变的日本在华矿业 九一八事变后，日本通过扶植"满洲国"，将东北事实上变成了它的殖民地，又强占了不少矿，如西安煤矿、滴道煤矿、复州煤矿、八道壕煤矿、倒流水金银矿、北票煤矿、蛟河煤矿、漠河金矿等几十处大小不等的矿区，可以说，日本将东北的矿藏几乎挖遍。这一时期的一个特点是，在东北，日本的矿业活动往往借伪满洲国的名义进行。1935年伪满洲国公布《矿业法》，规定23种重要矿物，除满洲矿业开发会社之外，任何人或团体均不得领有矿业权，以此实行矿业垄断。当然，规定只是对中国人而言的，日本财团在东北的活动并不受限制。如 1935 年以后，新成立的日本矿业会社很多，同满洲矿业开发会社一起掠夺中国的矿业资源。九一八后到 1936 年为止，东北地区新成立的完全由日本控制的主要矿业公司计有 8 家：满洲滑石会社（1935），满洲炭矿会社（1934），满洲金矿会社（1935），满洲矿业开发会社（1935），满洲采金会社（1934），满洲铅锌会社（1935），延和金矿会社（1935），岫岩矿业会社（1936）。这 8 家会社中，满洲炭矿会社（简称"满炭"）是日本在华主要的矿业国策会社之一，与"满铁"和本溪湖矿构成东北矿业的三大系统。在九一八前经营不善的一些日本企业，九一八后却转趋兴旺。如 1918 年成立的南满矿业会社过去是经常出现亏损的企业，多年未实行利润分配，九一八后盈利额却节节上升，到 1937 年上期，年利润率竟达 52.4%，股息分配达 8%。当然，并不是所有企业都如此。在东北的所有行业中，矿业是盈利最差的行业之一。能有盈利，则当是垄断的结果。总的来讲，日本在华矿业企业，多属"国策"企业，掠夺中国的矿业资源是服从于日本的长期战略计划，盈利反倒在其次。

在关内，日本的矿业投资仍以合办企业为主，这些合办企业大多经营不善，经营山东鲁大、旭华两矿的日资山东矿业株式会社算是不错的，也只有 4% ~ 5% 的利润率。但日本仍从长远利益考虑，在关内的对华矿业投资较前还是有所增加。

从甲午战争到七七事变的这一时期，列强疯狂地掠夺中国的矿权，并利用各种手段，如武力夺取、欺骗、独资或合资、借款等，基本上控制了中国矿业。其中，日本在掠夺中国矿业上独占鳌头。自日俄战争后，日本对中国东北逐步推行它的殖民政策。1931年九一八后，东北就正式成为日本的殖民地。在这片中国土地上，日本人肆意掠夺中国矿产资源，而且是典型的殖民地式的掠夺性开发。

只有少数外资矿业企业如中比合办的临城煤矿、中德合办的井陉煤矿及一些中小型矿（多是合资）中外双方基本上是平等互利的。不过，这类企业效益大多不佳。

四　镀金时代：中国民族矿业的勃兴

 收回权益运动

　　列强在中国肆无忌惮地掠夺矿权，严重侵犯了中国人民的利益。甲午战争以后至 1902 年的短短 8 年时间，外国资本家在中国取得的开矿权即达 19 宗，矿区涉及十几个省 30 多个州县。外国资本家在中国独资经营或与中国合资经营开办了 8 个煤矿，占同期开办新式煤矿的 80%，基本上控制了中国的新式采煤业。不少有识之士认为，要遏制这种外人疯狂掠夺中国矿权的狂潮，必须由中国人自己办企业，这才是收回利权的有效手段。而且，兴办中国人自己的企业，也关乎中国相当一部分人的切身利益，这些人中，既有上层官绅富商，也有下层百姓，因而一场具有广阔群众基础的收回利（矿）权的运动就在 20 世纪初兴起。清政府也意识到了这一点，于 1902 年设立商务大臣，成立商务总局，总理全国矿政；1904 年，奏立《公司律》，这是由中国政府正式颁布的第一个商业法规；同时，清廷颁布《矿务暂行章程》，鼓励商办。1906年，商部改为农工商部，在京设立矿务总办事处，各省设立矿政调查局；由各省长官遴选委员为总协理及聘请矿师，并由部酌量加札为商部矿务议员；各州县境内由矿务议员派设矿务委员，使矿业行政自成系统，表明了对矿业的重视。但具体进行收回权益斗争的，基本上是各地方的官绅民众，其中斗争最激烈、影响最大的有山西人民收回福公司和安徽人民收回铜官山矿区的斗争。此外，在其他各省，收回矿权的斗争也很激烈。这些斗争，大多取得了胜利。

山西人民收回福公司矿权的斗争　1898年，山西巡抚胡聘之批准山西商务局与英商福公司议定开采山西煤铁矿的章程，将山西盂县、平定州及泽州、潞安两府所属的煤、铁矿藏卖给英商福公司开采。晋省绅商闻之，表示反对，并呈诉清廷。清廷乃交由总理衙门另订章程。但新订章程进一步地侵夺了山西更多的矿权，除原出卖的矿区原封不动外，又增加了山西平阳府及其他地区的煤、铁、煤油各矿。新章程议定后，由于晋省无铁路，福公司未即时开工。1906年，正太铁路即将通车，福公司一面运动当时任铁路督办的盛宣怀，一面到平定州等地插标探矿，并请英使照会外务部，要按增订章程，凡属潞、泽、平、盂、平阳府各矿不准他人开采，当地人所开各矿一律封闭。福公司如此蛮横之举，侵犯了晋省各阶层人士的利益，从而引起共愤。全省上下对福公司侵权恶行利用各种方式进行揭露，使全国闻之而共讨。清廷震动，对出卖矿权的前山西巡抚胡聘之及其属员道台贾景仁、知府刘鄂予以革职。福公司所攫取的山西矿权由山西人民自行组织保晋公司赎回。

安徽铜官山人民收回矿权的斗争 1902 年，安徽巡抚聂缉椝与英商凯约翰订立私约，将安徽歙县、铜陵、大通、宁国、广德、潜山等 6 处矿藏卖给英商勘探、开采，激起皖省人民不满并起而抗争。后清廷外务部与凯约翰商议，将上述 6 处改为铜官山一处，限期由 100 年改为 60 年。1909 年，安徽省绅、商、学各界起而抵制，要求废除清廷与英商订立的开采铜官山矿产条约，由皖人自办；1910 年，皖省人创设"安徽泾县煤矿铜官山铜矿有限公司"，自办煤矿和铜矿。

其他各省人民收回矿权的斗争 在收回矿权的斗争中，四川、山东、云南、吉林、奉天等省人民，通过各种方式与侵占本省矿权的外国人进行积极交涉。通过斗争，全国共收回 9 宗矿权，计有山西盂县、平定、潞、泽、平阳各府矿权，安徽铜陵县铜官山矿权，四川江北厅矿权，山东茅山等 5 处矿权，山东胶济铁路沿线十里内矿权，云南七府矿权，湖北阳新县炭山湾矿权，奉天锦西暖池塘矿权及山东峄县煤矿矿权。但是，收回这些矿权却也付出了约计 1000 万元的赎金。

 民族矿业的发展——煤矿

与收回矿权运动同时，中国民族矿业相应的得到了一定发展。比较有代表性的有"保晋矿务公司"和

"中兴煤矿公司"。

保晋矿务公司 1906 年，在山西人民掀起的收回矿权运动中产生了"山西商办全省保晋矿务有限公司"，简称"保晋公司"。公司由山西官绅主持，拟具办矿章程呈请农工商部奏准立案。保晋公司首先是从英商福公司手中赎回被攘夺的矿权。1907 年 12 月，由山西商务局与福公司订立赎矿合同 13 条，将潞、泽、平、盂、平阳各矿产完全赎回自办，由省方备款 275 万两分期偿还福公司，将原与福公司所订开矿制铁转运正续章程合同赎回作废；福公司将在平定州所有厂房机器等物及原合同所订 5 处内已购买之资产，一概退还，交与商务局。晋省所用赎款，由亩捐项下拨给。

保晋公司辖有矿区 11 处（1925 年前后），其中阳泉附近 6 处，大同 3 处，寿阳 1 处，晋城 1 处，矿区煤质很好，只是受重税和高运费的限制，难与其他大矿竞争，产量增加不快。公司各处矿区产煤合计，1912 年为 7298 吨，1936 年达 553653 吨。公司所辖矿场，多数使用了提升、通风、排水机械，而回采、运输则用人力，这是中国近代煤矿的一个特点。

中兴煤矿公司 1898 年，德国依据《胶澳租借条约》，把山东划为它的势力范围，曾 4 次派人到峄县枣庄勘察煤矿，商购煤田，均为枣庄绅民拒绝。当时，以直隶候补道张莲芬为首的一部分枣庄官窑局股东，一方面担心枣庄矿产为德人侵占，另一方面又受各地兴办企业获利的刺激，遂决定集资办矿。张莲芬取得了督办直隶矿务的张翼的支持。办矿之初,张莲芬考虑到枣庄煤矿地处德人势力范围之内,加上资金不足、技术缺乏等困难,故拟招部分德股;预定集股200万元,华六德四,将公司定名为"山东峄县华德中兴煤矿有限公司",简称"中兴煤矿公司"。后因峄县绅民不满德国依据不平等条约攫取胶济铁路沿线矿权,反对德人投资中兴煤矿,德股未能招集,公司也取消了"华德"二字,1908年公司改名为商办山东峄县煤矿公司。1909年划定矿界,1911年招足股本银300万两。1921年改定资本为1000万元(实收750万元),为我国民族资本投资煤矿最多者。

由于军阀混战,交通梗阻,销路不好,积煤如山,中兴煤矿历年债务多达200余万元,虽于1926年募集公司债券300万元,1927年又认购库券100万元。1927年8月,终因赔累不堪而停止采煤,至1929年8月,公司向上海银行界借款500万元才复工采煤。

中兴公司虽一度欠债累累,被迫停产,但总的来说,发展较迅速,很快成为中国近代第三大煤矿(仅次于抚顺、开滦)。1912年产煤25万吨,1918年产煤50万吨,1924年产煤近80万吨,1936年产煤173万吨。一个纯由民族资本开办的煤矿,在外资入侵、外煤倾销的情况下未被挤倒,反而逐渐扩大,实有可称道之处。

中兴公司之所以能成为继开平之后中国人自办的最大矿业(煤矿)企业,确有其独特而行之有效的经营之道:公司开办伊始,资金技术均显缺乏,当时山东又处于德人势力范围之内，作为主持者的张莲芬考虑问题谨慎周密，他初拟招集德股，是出于解决公司资金技术力量缺乏及应付德人等很现实的考虑。聘请德璀琳为公司洋总办也有这方面的含意——而在关键问题上，张莲芬绝不让步，他自任公司华总办，大权独揽，德璀琳虽身为公司洋总办，但按公司章程，洋总办却只能稽核账目，不得揽权掣肘，洋职员与华职员一样，都必须在公司华总办的领导之下工作——洋职员只是公司的雇员，这点与华职员性质相同。利用外资又不为外人掣肘，这是中兴公司在经营策略上的成功之处。但中兴公司并不盲目排斥外国的先进技术和管理方法：在技术方面，中兴公司是中西并用，由土到洋，逐步变革。煤矿开办之初，土洋并举，土法小井与开凿的新式大井并存，产量因此而逐年上升，直至1934年三个新式大井全部建成投产，土法小井才逐渐停止出煤。公司又极注意矿井设备更新和技术改造。建矿之初即购买国外较为先进的提升机和动力设备，1922年建成的第二号井又安装了当时德国最新式的电动提升机。1927年因内战影响，营业萧条，被迫停产，濒临破产，即使在这种极端困难的情况下，公司领导人还很有胆略地作出了借款办矿、延聘有名矿师、改造矿井技术等重大决策。1929年公司复工后，首先把井下主要运输道进行了改造，凡主要石门均安装无极绳循索，改变井下运输主要靠骡马、人力的落后局面，这在当时中国的煤矿中是独一无二的。1930年公司又从德国购进两台运煤机（簸运机），1931年再从德国购进两台电动割煤机，在薄及厚煤层中试用均取得良好效果。割煤机、簸运机的使用，在当时中国的煤矿中也是独一无二的。此外，还有一些小改革。这些改革，大大促进了中兴煤矿的发展，使 1936 年产量比 1925 年增加了 1 倍。

中兴公司还极为重视使用外国专家，并能做到用人不疑。1928 年，中兴公司继聘请中国当时有名的矿师邝荣光、德国工程师高夫曼之后，又聘请德国工程师克礼克。中兴煤矿曾因克礼克的前任高夫曼判断事故预兆不正确，造成煤矿透水和瓦斯爆炸、死亡 499 人的恶性事故。高夫曼虽为此而自动辞职，但公司职工对外国工程师却因此而极不信任。克礼克为了自身的名誉和实践最新的采矿技术，致力于中兴煤矿的生产和技术改造，为近代中国煤矿开采技术的发展作出了贡献。中兴煤矿在危难中得到复苏和发展，克礼克是起了很大作用的。而公司不因克氏为外人、为德人，又为职工所反对就不用，可谓知人善任。

运输是关系企业能否成功的重要环节。中兴公司始终把煤的运输放在重要位置。1906 年开始修筑枣庄至台儿庄的运煤铁路，长 42 公里，1912 年建成通车，采出之煤经铁路运至台儿庄，转经船只沿大运河运往上海等地；继修筑台枣铁路之后，再修筑临城至枣庄的临枣铁路，与津浦路接轨；1935 年又筑成台儿庄至赵墩的台赵支线及连云港运煤码头，所产煤炭可从枣庄经赵墩沿东陇海路运至连云港上船，运往上海、广东、日本等地销售。便利的运输，为中兴煤矿进入市场与外煤竞争创造了有利条件。

在近代中国，一个企业没有强大的政治势力是不可能发达兴旺的。开平的成功很大程度上得益于此。中兴公司也不例外。公司股东有不少大官僚，据1916～1925年10年间的统计，先后当选过公司董事、监事的大股东26人中，大官僚、大军阀就有15人，如北洋政府的总统徐世昌、黎元洪（任过董事长），北洋政府的部长朱启钤、周自齐、赵尔巽，还有著名的军阀张作霖、倪嗣冲、张勋。在北洋政府的支持下，中兴公司得到了许多特权，如津浦铁路廉价运煤的特权、低煤税的特权等等。当时，山西保晋公司每产煤一吨纳税1.731元，占成本的86%，而中兴公司每吨煤纳税0.02元，仅占成本的10%，两相比较，相差悬殊。北洋政府倒台后，中兴公司又取得了南、北财团的支持。1928年新选出的董事会由13人组成，除7名董事是连选连任外，其余6人中有4人是江浙财团的掌权人物（钱新之、周作民、叶葵初等）。其中钱新之又是国民党政学系的重要人物，曾任国民政府财政部次长，后来长期担任中兴公司的总经理。通过钱等的关系，中兴公司继续享有北洋军阀时代所取得的津浦铁路廉价运煤的特权。这些都是中兴公司能有雄厚资本，在与外煤竞争中独占鳌头，不为所败的重要原因之一。

强有力的政治背景，雄厚的企业资本，目标明确、措施得当的经营策略，重视引进先进的科学技术和管理方式，再加上精明强干的企业领导，这些，就是中兴公司成功的基本原因。

直隶滦州煤矿的设立与失败　关于滦州煤矿，详情已见开平一节。这里略述几点作为补充。

第一，创办滦州煤矿的目的是想"以滦收开"，动机是好的。

第二，滦州煤矿无论从哪方面讲，都具有优势：有官方支持；资本雄厚；矿区为开平 10 倍，煤质优良，储量丰富。

第三，英人骗占开平，在法律上属商业欺骗行为，英国法院亦如是判决，所以，英方在中英双方关于开平的交涉中，自知理亏，态度无法强硬，每每搪塞拖延以对；中方则据有充足理由，除英商欺骗行为已成定论外，最初张翼与英方所订私约未经中国政府批准，从法律角度讲，英方占据开平亦属非法。

第四，中方最初"以滦收开"的策略与具体措施明确、现实、可行，并为此做出了很大努力。

第五，从"以滦收开"失败，到"两矿联合"，再到"开滦合并"，完全是后来中方有关人员首鼠两端，将个人私利置于国家利益之上造成的，首罪当推袁世凯，开中国政府批准两矿合并合同之先例；继之有国民党政府政要陈公博、汪精卫二人，再次以中国政府的名义认可了合并合同，从此，开、滦两矿不复为中国所有。

萍乡煤矿　1896 年，接办汉阳铁厂的盛宣怀为寻找适于炼焦制铁的烟煤，聘请外国矿师赖伦等沿长江在鄂、赣、皖等省进行勘探。1898 年初，在安源发现宜于炼上等焦炭的烟煤，且储量丰富，盛宣怀即于是年集资百万两，收买地方小煤窑，设立"萍乡等处煤矿总局"（矿址在安源，俗称安源煤矿），任命张赞宸为总办，聘赖伦为总矿师，用新法开采。初期资金，计汉阳铁厂 20 万两，轮船招商局 23 万两，铁路总公司 15 万两，香记等户 20 万两，电报局 22 万两。1902年因扩充工程，短缺资金，向德国礼和洋行借 400 万马克，1904 年又向日本借 300 万日元。1908 年，萍乡煤矿与汉阳铁厂、大冶铁矿联合组成汉冶萍公司。

萍乡煤矿开办之初，向德国购买了大量机器设备，设备之完善，连开平煤矿亦不可及。建矿工程进展也比较迅速。至 1907 年，已初步形成了相当可观的生产能力，日产煤炭 1300 吨、焦炭 600 吨，日洗煤能力300 余吨。为解决运输问题，1899 年修通萍（乡）安（源）铁路，1902 年修通萍（乡）醴（陵）铁路，1905 年，修通醴（陵）株（洲）铁路，由安源采出的煤可由铁路直运至株洲，再由轮船运至长沙、武汉等地销售（1909 年，粤汉铁路修通后，安源煤还可由铁路直接运至武汉等地）。

萍乡煤矿的运煤总平巷，铺设了双轨电车道，在当时全国煤矿中属于首创。萍乡煤矿的洗煤台、炼焦炉、煤砖机在当时中国亦是首屈一指。这些设备均购自德国，所聘矿师、技师也都是德国人。萍乡煤矿依靠先进而完备的设备，初期产量上升很快，1898 年产煤还只有 1 万吨，1907 年就已产煤 40 万吨，产焦 11.9万吨，1916 年产煤达 95 万吨，产焦达 20 余万吨。所产煤、焦，主要供应汉阳铁厂及粤汉铁路。

然而，萍乡煤矿的发展犹如昙花一现，其生产水平在 1916 年达到高峰后，便逐渐下降：1926 年原煤产量降至 7 万余吨，此后十余年都停留在 10 万～20 万吨的水平。1932 年，连工人的伙食费都只能发出 1/3，其衰落情景可想而知。

萍乡煤矿衰落得如此迅速，主要是经营管理腐败和受外界军事、政治、经济形势的影响所致。

经营汉冶萍的盛宣怀是一个兼买办、官僚、资本家等于一身的人物，此人在中外官商各界关系极多，能量也确实不小。但其为人之贪鄙、官僚作风之严重，连身为大官僚的张之洞都为之头疼，曾对盛的种种行为屡有烦言，但汉阳铁厂的烂摊子，张实在无法收拾，不得已还得用盛。盛接手汉阳铁厂和大冶铁矿后，立刻采取举借洋债等措施，暂时把厂矿维持住了，当然其后果前面已略有所述。为供应汉阳铁厂炼钢铁所需之煤炭，又勘探开采了萍乡煤矿，购买机器设备，聘请外国技术人员，也确实显示出盛的"魄力"。无奈盛在官场混迹多年，官场种种习气样样具备，这些于做官肯定是有用处的，而用于经营企业就表现为经营管理腐败，把企业当作衙门来办，萍乡煤矿就是个明显的例子。

管理腐败表现为：机构臃肿，靡费资金；通同作弊，中饱私囊；无章可循，各行其是。该矿共设机关 30 处，其中矿内 23 处，矿外 7 处，皆是巧立名目，名为分任，实为分肥。如管材料一项就设采办木料处、土材料处、洋材料处共 3 个处，每一个处所用员司，自数名至六七名不等，工役亦相同。"各职员额加薪水则自书一条任写若干金，矿长画诺而已"。而这些员司"大半为盛宣怀之厮养及妾之兄弟，纯以营私舞弊为能"，1912 年"有林志熙侵吞公款 30 余万两"。1932 年，又有矿局经理何熙将该矿煤炭自买自卖，每吨从中渔利六七元。经济账目紊乱，稽核处员司十余人，终日忙于造两本账，一真一假，假账加价，浮报冒领之款由各级人员按等级共分。矿上工程管理失调，机器设备损坏严重，致使有的矿井因设备损坏而无法继续采掘。

外界的影响对萍乡煤矿也是很大的。一是交通运输受阻：1920 年 6 月至 8 月，各军驻萍，互争铁路，交通断绝，煤炭无法外运；1921 年 8 月，湘鄂战事爆发，交通断绝二月余，萍矿生产大受影响；1923 年 9 月，湘战复起，交通又断绝，加上钢铁价格猛降，外货充斥市场，汉阳铁厂无法维持而于 1925 年停工，迫使萍乡煤矿停产；1935 年，受军事影响，车运不通，加之株萍铁路改隶，运输发生重大障碍，萍乡煤炭不能运出达四月之久。这对于一个企业来说是致命的。二是军政当局，拉夫勒索：1921 年 2 月，江西省当局派员至萍矿拉民夫，矿工缺少，产量大减；1922 年 6 月，黔军过境，强征夫役，勒索军费，该矿生产大受影响。三是市场变化的影响：1931 年，东北三省沦陷，华北煤不能出关，南方市场充斥北煤，抚顺煤又倾销武汉等地，致使产量不多，成本高昂的萍乡煤滞销积压。此外，从萍乡煤矿至武汉的铁路运费高：安源至武汉为 500 公里，较六河沟煤矿及中原煤矿至武汉的距离都近，但吨煤运费却比上述两矿均高。

上述种种原因，致使萍乡煤矿开办不几年便走向衰落。

六河沟煤矿 1903 年，安阳县人马吉森、潍县人谭士桢集资 2 万两，用土法开采六河沟烟煤。1904 年呈商部立案，定名安阳六河沟机器官煤矿。由于运输不便，又招股扩充，购置机器，修筑铁路，设立董事局。1907 年，资本扩充至 34 万两，呈农工商部注册立案，改名六河沟煤矿股份有限公司，叶润含为经理，马吉森等 5 人为董事。1908 年，呈请邮传部修筑运煤铁路，并在京汉铁路各站设立分销厂。不几年，因运费过高，开支过大，亏本 5 万余两，叶润含辞职。1911 年，由股东吴樾总理矿务。适逢辛亥革命爆发，金融窘迫，因欠德人德璀琳借款，无法筹还，被迫聘请德璀琳的女婿、井陉煤矿总办汉纳根（Hanneken）为顾问。经办三年，事事受德人掣肘。

1914 年，为摆脱德人掣肘，吴樾以矿产为抵押，向华比银行借比利时款，意欲还清德债，自行办理矿务。但此时临城煤矿的比利时人早已对六河沟煤矿起觊觎之心，遂乘机串通华比银行，设法与吴樾订立 10 年包销合同，以负责销售煤焦及开采事宜为名，将管理权揽去，六河沟煤矿遂成比利时人代管的煤矿。1919 年，法郎汇兑价格甚廉，经新任李组绅等扩充股本 300 万元，将比款还清，此后，六河沟煤矿才完全成为华商自办的煤矿。1935年，资本扩充至600万元。

随着煤矿机器设备的逐步添置、扩充，六河沟煤矿产量也在逐步上升，其最高年产量为75万吨（1932）；该矿煤质适于炼焦，最高年产焦炭5.5万吨（1923）。所产煤、焦除供应平汉、陇海等铁路外，其余均在铁路沿线各市区销售。六河沟煤矿是中国近代的主要煤矿之一。

中原煤矿 英商福公司取得焦作煤矿开采权后，于1902年着手凿井建矿，1907年正式投产。而焦作附近原有土窑极多，或在福公司矿界内，或与其毗连，因此常常引起纠纷，经多方交涉，福公司始同意将明德、豫泰、中州三公司原有的矿区划出。1914年胡汝霖、王敬芳等将这三个公司合并，组成中原公司，与福公司对峙。中原公司的股金，除原有三公司所有之矿作股本100万元外，又招集商股100万元，加入官股100万元（系河南省洛潼铁路拨还盐斤加价之存款），共300万元。其矿区在寺河、盘龙河一带，先用土法开采，后改用机器开采。1915年，中原公司与福公司为避免竞争销售，订议组成福中总公司，采取分产合销的办法，订立矿务交涉草案合同43条、正式合同7条及福中总公司组织章程31条。根据这一合作合同，福公司的矿界又扩大许多。但1925年前，福公司在经营上并不顺利，1925年五卅惨案发生，福公司工人相率罢工而去，福公司无可奈何，停止采煤，仅留员司数人、矿警数十人留守。而中原公司此后便单独经营，福中总公司无形消失。至1932年，福公司要求中国政府设法复工，河南人民极力抵制。但中国官方始终承认福公司取得的矿权，力主中原公司与福公司合作。此时之中原公司，见福公司已准备采取较高的工资招工出煤，并感自己的资本、设备等不及福公司，与之竞争恐遭失败，乃同意与福公司合并，取名为中福两公司联合办事处，订立经营煤矿业原则14条。1933年2月，经国民政府行政院批准，两公司实行合产合销。

中福两公司联合办事处分为董事部及经理部。董事部设董事5人，中方3人，英方2人；经理部设总经理1人，由中原公司董事会推荐；设总代表1人，由福公司董事会推荐。经理部下设工业、业务、会计、总务4处，并直辖两矿厂，每处有处长2人，中、英各1人。每厂设厂长1人，属中原者由总经理任用，属福公司者由总代表任用。中原公司之寺河矿称第一矿厂，福公司之王封矿称第二矿厂。中福公司合办至抗日战争爆发。

中原公司的煤产量初为三四十万吨，1924年最高年产为95万吨。与福公司合并后，1936年，中福公司煤产量为130余万吨。

晋北矿务局　晋北矿务局的前身系1924年晋省当局设立的军人煤厂。其矿区位于晋北大同，由晋省当局拨公款100万元做资金，添置机器，扩充建筑，修筑运煤铁路。由于官方鼎力支持，兼之该矿煤质优良，蕴藏丰富，又有运煤铁路，所以该局业务日益扩展。1932年，该局与大同保晋分公司及同宝公司等商定分采合销办法，会同山西省营业公社，在大同成立大同煤业公司，专办大同煤统一运销业务。同年12月，该局改为公商合办之股份有限公司，资本增至150万元，其中公股115万元，商股35万元。

晋北矿务局在经营管理上有比较严格的管理制度，先后建立的规章制度近20种，其中包括业科办事通则、员司请假规则等。该局所辖矿区有8处之多，煤层地质条件相当好，生产设备也较齐全，但产量增长不快，1930年产煤10万吨，1934年24万吨，1935年39万吨。主要原因是矿区远离销售市场，平绥、北宁铁路运费又高，难与其他煤矿竞争，产品常滞销。

贾汪煤矿　贾汪煤矿的前身是江苏徐州利国驿煤矿。1898年，该矿改名为贾汪煤矿，扩充了股本，开采较前略有起色。1912年，该矿主持人迫于袁世凯的权势，将开采权及贾汪煤矿公司财产卖与袁世凯之弟袁世传。袁氏接办此矿，着意经营，日产量由几十吨增至500吨。但1921年以后，直皖、直奉战争接连而起，交通阻塞，出煤锐减，公司负债亏损，再将该矿卖给刘鸿生。刘出资80万元，贾汪矿产作价80万元，合资160万元，组成华东煤矿公司，程文勋任总经理。华东公司接办后，开凿新井，添置发电机、发动机、锅炉等机器设备，这时贾汪煤矿才真正具有近代新式煤矿的特点和开采规模。1936年，原煤产量上升到35万吨。正当贾汪煤矿营业日盛的时候，抗战爆发，该矿为敌所占。

1895～1936年，由民族资本创办的新式煤矿，除前述几个规模较大者外，还有 40 多个规模较小的煤矿，多数年产仅几万吨，大多数是在 1901～1920 年间开办的。比较重要的有如下几个。

怡立煤矿公司：在河北省磁县。有自筑轻便铁路由矿山直达平汉路之马头镇。其所辖磁县煤田，在 1875～1882 年间，李鸿章曾设官矿局开采，因无成效而停办。至 1908 年，复由商人组织怡立煤矿股份有限公司，以资本 2 万元购买提煤绞车，用新法开采，出煤渐多，积有盈余。1919 年，添招资本 100 万元，扩充工程，修筑铁路，营业日盛。1936 年，产量达 51 万余吨。

正丰煤矿公司：所辖矿区在河北井陉县。在 20 世纪初收回矿权的运动中，井陉商民杜希五等闻风而起，创办了正丰煤矿公司，初以土法开采井陉煤田北部凤山村西的煤，嗣后两度扩充股本，改用新法开采，修筑专用铁路，添置各种新式机器，产量逐年增加，至 1926 年，资本达 660 万元。1936 年产煤 43 万吨。

烈山煤矿局：在安徽省宿县西北之烈山。其东南至津浦路符离集车站约 26 公里。1904 年周玉山集资 10 余万元，用土法开采烈山煤田。虽几经扩充股本仍感不足，难于支持。1912 年，由倪嗣冲集股扩充资本，招募官商股本 100 余万元，购买机器，疏浚河道，营业日盛，每年股东可分红利二分以上。1928 年，改归农矿部管辖，称为烈山煤矿局。后又改为官商合办，年产煤炭六七万吨。

长兴煤矿局：在浙江省长兴县城西北约 26 公里。

所辖长兴煤田在清初即有当地人用手工开采。1912 年，长兴绅民钟仰贻等集资开采，次年转给刘长荫办理。1918 年，组织长兴煤矿有限公司，增加资本，扩充工程，最旺时日产煤 600 吨。1924 年，受战争影响停工。1927 年，浙江省政府以该矿久停，拖欠矿税为由，取消该矿矿权。1928 年，移交建设委员会办理，组织长兴煤矿局，筹备复工。但因停工数年，井巷设备破坏不堪，恢复生产甚为困难，抗战爆发前，最高年产仅 18 万吨。

西安煤矿公司：在辽宁省西安县。清末发现该煤田并有人进行开采。1912 年营业日盛，计有利华、宝兴等 10 家公司从事开采，年产量合计四五万吨。1927 年这 10 家公司被收为官办，设立西安煤矿公司，资本 240 万元，由沈阳兵工厂、沈海铁路局和省政府各出 50 万元，4 公司产业作价 90 万元。九一八事变前，该矿最高年产量为 25 万吨；九一八事变后，为日军侵占。

大通煤矿公司：所辖矿区在安徽省怀远县西南，泰州、怀远、凤台三县交界之处。1911 年，段书云组织大通公司，从事开采，次年日产煤数十吨，后因亏本严重，遂邀中兴公司入股，派人打钻找煤，结果不佳，意欲停办。1922 年，由夏履平、张子彦二人承办，集股 50 万元，定名保记公司，承租 20 年，每出煤 1 吨抽租金洋 5 角 5 分，大通、中兴各半。后中兴又将矿权让与大通、保记公司接办，营业颇盛，1936 年产煤近 27 万吨。

北票煤矿公司：所辖矿区在原热河省朝阳县东北，距北宁路锦县车站约 90 公里。1918 年，由北宁路局投资钻探并开凿斜井采掘，但因资金不足未能发展。1921 年改为官商合办，定名北票煤矿公司，资本 500 万元，其中官股 200 万元，商股 300 万元。此后营业日盛，年产量从 1921 年的 7000 余吨，增加至 1931 年的 57 万吨。九一八后不久即为日本侵占。

淮南煤矿：在安徽怀远县舜山九龙岗，位于淮河南岸。至蚌埠水道 53 公里。1929 年由建设委员会投资创办。1930 年春正式组织淮南煤矿局，购地开井，修筑矿区至洛河镇的轻便铁路。1931 年 10 月建成投产，日产能力 700 吨。初期建矿投资为 150 万元。为解决煤的运输问题，该局向上海银行团借款 120 万元，修筑由洛河镇至蚌埠的铁路，以接通津浦路。1934 年完成。继之，该矿局又向上海银行团借款 370 万元，修筑洛河经合肥至裕溪口的狭轨铁路，全长 200 余公里，1936 年竣工通车。至 1937 年 6 月止，淮南矿局投资共计 600 万元，生产发展较快，年有盈余。1931 年产煤 3 万吨，1934 年产煤 21 万吨，1937 年产煤 62 万吨。1937 年，淮南煤矿和淮南铁路改为商办，称为淮南矿路股份有限公司，由宋子文经营的建设银公司办理招收商股之事，资本定为 1000 万元。七七事变后不久，随着皖北的陷落，淮南矿路均被日本侵占。

这一时期，中国民族矿业的发展堪称黄金时代，仅煤矿就开办了 52 家。此后（直至 1949 年），中国民族矿业就再也没有出现过如此蓬勃发展的局面。

金属矿和其他矿

铁矿 大冶铁矿：搞近现代工业，铁的重要性为常人所知。但开采铁矿并非易事，在中国近代矿业史上，还是由张之洞揭开了开采铁矿的第一页，以至在半个世纪之后，毛泽东对张之洞予以了极高的评价：办钢铁工业，不能忘记张之洞。纵观中外近现代工业的发展乃至一个国家的工业化过程，这个评价张是当之无愧的。

然而，在具体开采铁矿的起因及过程中的许多举措上，张文襄公的许多行为又简直令人啼笑皆非。

张之开采铁矿，是为其所筹建的汉阳铁厂供给原料。如铁厂制炼钢铁，非消耗大量的铁砂不可，而张之筹建铁厂，居然没把建立各方面条件具备的原料基地放在首位。他的名言"以中国之大，何所不有"在这个问题上得到了充分体现。按他的想法，铁矿遍地皆是，铁厂原料自是不成问题，却没考虑到原料的适用性问题，这当然也与张之洞缺乏近代科技知识有关。直到铁厂即刻就要上马之际，才发现原料无着。张也不禁一时着急，迅即遣人四下寻可用之铁矿。但寻求适宜冶炼高质量的钢铁的原料又岂能"咄咄立办"？幸亏盛宣怀督率英国矿师勘得的大冶铁矿尚差强人意：其铁砂含铁质约64%，而且露出山面者达2700万吨之多。同时又在附近的兴国州（今湖北阳新县）发现锰矿，这也是炼钢所必需的。办铁厂所需的重要原料铁矿总算有了着落。张为人好大言与办事疏阔由此可见一斑。

大冶铁矿的矿质及蕴藏量在当时足敷铁厂使用。1891 年正式开采，其初产量有限，年仅 17600 吨，后产量渐次上升。1896 ~ 1922 年间，累计铁矿（矿砂）产量 8424854 吨。但投资巨大，从 1891 年到 1896 年，总计用银 560 万两。官办企业浮费在所难免，张之洞办事疏阔，好想当然，官气十足，这些都给企业造成了大量浪费。但铁厂本身性质，按现在话讲属重工业，投资大，需长期方可见效。张办铁厂的目的之一是杜塞漏卮，开源取利，短期内非但无利可得，反而耗费不赀，清末国家财政已是捉襟见肘，实在承受不住这样的巨额企业投资。无奈，只得将汉阳铁厂改作商办，由盛宣怀接办。大冶铁矿亦在其中。

允许私人承办企业，在中国近代工业史上本是好事。官办企业弊端已向为人所诟病，私人办企业自然以谋利为目的，一般都能摒除浮员杂费，因而效益较好。但失手亦为常事。只是盛宣怀接办后的汉阳铁厂，失手得实在令人痛心。

盛宣怀接办汉阳铁厂后，为解决资金不足，便向外国银行举债。但洋人不是慈善家，他借钱给你就必要回报。德、日、比等国均以借款为由争夺大冶矿权。最后日本取得了借款权，这也就为日本控制大冶铁矿铺平了道路。

日本自然资源极端缺乏，尤其缺铁。当时的日本已走上对外武力扩张的军国主义道路，对外战争频频，铁则是其战略资源，必不可少。于是日人就把大冶作为重要目标。1898 年，日本与中国订立密约，中方每年供给日方铁 5 万吨，日方则以 5 万吨煤为酬。这是中方初次向日方供铁。1904 年，盛宣怀向日本兴业银行借款 300 万日元，条件极为苛刻。中方付出的最重代价是："日本制铁所每年向大冶矿山购入矿石 7 万吨以上至 10 万吨，若在特别之时，多需矿石，则可更购入 2 万吨。其价值，至明治 38 年 8 月 29 日照既定之率；以后 10 年间，则照新订合同价，每 1 等矿石 1 吨，值日本金币 3 元；2 等矿石 1 吨，值日本金币 2 元 20 钱。10 年期满，则更定价值……"所借之款利息很重，"年利 6 分，以 30 年为期"。

　　日本人控制了大冶铁矿，受益匪浅。据日方称："在日俄战争之中，我国军舰凡铁条等所用之铁多取自大冶铁矿。"而中方损失奇重：第一次世界大战期间，铁价暴涨，铁砂价格已达 20 元左右 1 吨，而汉冶萍公司所订 10 年供给日本铁矿价格仅 3 元 1 吨，日本每吨可获利 17 元。在整个欧战期间，日方从汉冶萍公司铁矿实获 4500 万元纯利。另据中方统计，大冶铁矿从1896 年至 1915 年共采矿石 11937397 吨，其中，2/3 供给日本。而且大冶矿的生产简直是依日方之需求而定。1896 ~ 1908 年，大冶每年产额 10 余万吨，基本专供汉阳铁厂之用；1909 ~ 1919 年，除供汉阳铁厂外，还要供应日本，年产量由 30 余万吨增至 70 余万吨；1920 年，大冶制铁所成立，产额增至 80 余万吨；1923 ~ 1935 年，则专供日方，国内汉、冶两厂于 1922 年相继停工。总计自开采至 1935 年，39 年间共采矿石约 1200 万吨。除汉阳铁厂自用约 340 万吨外，其余 860 万吨全运日本，每吨售价平均以 5 元计，则运日本数值为 4300 万元。

龙烟铁矿：第一次世界大战中国际市场铁价暴涨，一时间开采铁矿看来有利可图。1917 年，农商部顾问安特生路过宣化，见有宣化北门外烟筒山的铁砂样品，化验结果甚佳，遂往试探，发现自烟筒山至龙门县绵亘数百里的巨大矿区。当时估计价值在 1 亿元以上，可采 70 年。北洋政要陆宗舆、丁士源等见此大利，遂集资开采。初定招股 500 万元，为官督商办性质。以陆宗舆为督办，而段祺瑞、徐世昌等皆有股份在内。农商部缴官股 128 万元，交通部官股 122 万元，商股已缴 2195500 元，总共收到 4695500 元。这个官商合办的铁矿于 1918 年 4 月筹备，1919 年 3 月开张。自 1918 年 9 月着手开采，至 1919 年 11 月已出矿砂 10 余万吨，故创办之初，趁欧战方酣，该矿靠销售铁砂获利不赀；但炼铁则须送大冶厂冶炼，于是该矿拟自办炼铁厂，并已派人赴美订购机器，但很快北洋政府中皖系势败，随后直奉之争又起，政局动荡不安，炼铁厂（即后来的石景山炼铁厂）也就半途而废了。该矿自此一直陷于停顿状态，而日人对此矿则颇为注意。1923 年日本三菱商事会社曾对龙烟铁矿提供事业资金借款 6.1 万日元。此后，日人数次来进行调查，意欲投资合办。七七事变后，该矿遂为日本攫夺。

凤凰山铁矿：1916 年 4 月 18 日，有施肇基等人组织华宁公司呈请开采该矿；同月 21 日，农商部呈送袁世凯批准。5 月 9 日，该公司即和日本大仓组订立售砂合同。6 月 12 日，根据合同该公司接受大仓第一批定款 100 万元。这一过程如此迅速——从呈请开采到批准，到与日人订立售砂合同，并催交第一批定款，是与当时政局密切相关的。

6 月 6 日袁世凯帝制失败后身死，北洋政府混乱异常。袁世凯自攫得最高统治权后到帝制自为的短短几年，毫无经济建树，只是一味地对国内各种异己势力进行武力镇压，因此而造成财政枯竭，金融混乱。袁政府只得靠借外债度日。为掩人耳目，借款往往以实业借款的名义。凤凰山矿权之迅速被批准，售砂合同之仓促订立，第一批定款之火急催交，关键在于这笔款项的下落——表面上虽由大仓交给华宁，华宁存交中国、交通两银行，但实际上则由中交二行转交给财政部，财政部再拨还给中交二行，用以作为二行纸币发行的准备，救济北京市面上二行纸币信用。这笔变相外债的成立的关键人物是当时的农商总长和财政总长周自齐——他既是袁的姻亲，又是"帝制造意十三太保"之一。

袁世凯死后，帝制人物多被通缉。继任的农商总长不肯承认前任所为。但事实上大仓定款 100 万元已经成为政府的外债，财政部无法筹还这笔款项，日方看准这个机会，建议中日合办凤凰山铁矿，所需资本由日方筹济；除售砂合同理应核准外，矿权归属于谁，大仓并无异议。

国内方面，想接办凤凰山铁矿的虽有江苏省方，但终因无法归还大仓之款而作罢。安福系（首领为段祺瑞）也想把该矿攫取到手。但因五四运动，安福系倒台，这个阴谋未能实现。直到1921年周自齐重任财政部长，称华宁公司已经取消，"前项借款既系中交两行代部收用所有本息，自应由部认还，并已与大仓洋行商定分付办法在案"云云，此案才算告一段落。至于凤凰山铁矿，直到抗战前，仍旧处于"勘探"阶段。1938年，日军陷南京，垂涎了20年的凤凰山铁矿，终于到手了。

安徽繁昌铁矿：位于安徽繁昌县。以桃冲地区最为重要。桃冲铁矿最初为国人合股经营，后与日本三井物产公司合组成裕繁公司，日方提供借款，公司则以铁砂相售。1916年，北洋政府批准将桃冲铁矿全归裕繁公司经营，日方又将裕繁交与中日实业公司经营。1931年后，日方停止收砂，该矿业务停顿。

山东金岭镇铁矿：1900年建筑胶济路时，该矿为德人发现。1913年德华矿务公司与山东铁路公司合并，拟进行开发。1914年11月，日军占领青岛，该矿遂为日人攫去，于1919年5月正式采矿，铁砂输往日本。1921年华府会议后，青岛由日本交还中国，金岭镇亦依中日协定，由中日合办的鲁大公司经营。1924年，该矿停工。

安徽当涂铁矿：又称太平铁矿。由宝兴、昌华、益华、福利民几个公司合办。1918年与日商订立合同，矿砂大部分销往日本。

湖北象鼻山铁矿：距大冶铁矿不远。从 1920 年起，由湖北象鼻山官矿局开采，年产矿砂约 45000 吨，一部分售与扬子机器公司冶炼，一部分输销日本。

东北的铁矿：在东北，自日俄战争后，南满已"合法"地成为日本的势力范围。1931 年九一八事变后，东北完全成为日本的殖民地。所有矿藏悉数为日人所霸占。除煤矿外，铁矿亦是日人重点掠夺的矿产。但东北名义上并不是日本领土，日本煞费苦心地扶植了一个傀儡政权"满洲国"，也一直未得到国际上的正式承认。所以，日本在东北掠夺开发的铁矿，从性质上分，应属外人在华投资。

1909 年，"满铁"地质调查所了解到鞍山附近的铁石山、西鞍山、东鞍山等处铁矿蕴藏量极为丰富，"满铁"首脑就决定着手攫取鞍山一带铁矿的开采权。但当时直接开采并非易事。日方先是想通过中日合办的方式攫取矿权，受到当地官民的抵制。但日人当然不会罢手，他们直接向中国政府提出合办鞍山铁矿的要求，当时政局多变，中方一时无暇顾及此事。何况中国政府内部已拟议实行铁矿国有，因此日方通过中国代理人办理中日"合办"鞍山铁矿迟迟不能落实，日方实在按捺不住，1915 年 2 月 26 日，加藤外务大臣指示日本驻华公使日置益要向中国交涉"关于该铁矿，不仅要求中国声明不列入国有之列，而且要迅速对该申请（指中日合办鞍山铁矿的申请）发给批准指令"。同年 1 月 18 日，日方向袁政府提出了"二十一条"，关于南满洲及东部内蒙古部分的第四款为："中国政府允将在南满洲及东部内蒙古各矿开采权，许与日本臣民。"同年 5 月 25 日"二十一条"签订，上款中南满部分日本指定了 9 个矿区，可由日方勘探或开采，鞍山一带铁矿自然列入其中。

日方第一步得逞，但也考虑到中国人民激烈反对"二十一条"，如此时日方直接出面，会受到很大阻力，于是找了一个代理人于冲汉。此人 1913 年即被"满铁"所聘，每月拿"满铁"津贴 200 美元，自然为"满铁"效犬马之劳。同时，他又受中方信任，是中国奉天当局和农商部同意的中国政府的代表。他成为中日合办企业的中方申请人。日方代表为"满铁"奉天公所所长镰田弥助。两人通力合作，终于取得了辽阳县孤山子、大孤山，辽阳县樱桃园山地，辽阳县鞍山站鞍山山地，辽阳县王家堡子，辽阳县鞍山站对面山山地，辽阳县关门山山地，海城县鞍山站一带之小岭子、火龙寨、梨树防山地，海城县鞍山站一带之甸池沟、铁石山山地共 8 个矿区的探采权。这 8 个矿区名义上归中日合办振兴铁矿有限公司，实际上完全为"满铁"所掌握。

鞍山一带铁矿埋藏量虽大，富矿却很少，绝大部分是含铁 40% 以下的贫矿，品位低，含硅多，投产后不仅生产的铁含硅量大，质次价低，而且要混用富矿。为解决贫矿处理问题，鞍山制铁所研究成功了"还原焙烧法"，使贫矿经过这种特殊技术处理就成为人造富矿。

上述几个主要铁矿，仅 1927 ～ 1931 年间，产矿约计 840 余万吨。其中，东北辽宁的鞍山和本溪湖矿占 48%，其他各矿，除湖北象鼻山矿和山西保晋所属铁矿（这两矿仅占不到 20%）外，都与日本有借款售砂合同，所以，中国铁矿产量的 80% 以上落入日本人之手。七七事变后，位于华北、华中的上述铁矿全部陷于敌手。

特矿　特矿，顾名思义，就是有别于一般矿的特种矿藏，这些矿藏是现代国家不可或缺的工业原料和战略物资，战争时期尤其重要。清末在中国发现的钨矿和锑矿即属特矿。

钨矿：钨矿以前不为人所知，至清末才知有此矿并进行开采。由于钨在冶金工业中的重要性，是重要的战略物资，后来与锑矿同被称为"特矿"。中国钨矿蕴藏量丰富，且南北皆有，但以南方，尤其是江西南部蕴藏最丰。1907 年，在江西大庾西华山首次发现钨矿，继之，两广及云南、北方直隶（1914 年在直隶迁安大泉沟）均有发现。由于钨往往被误认为锡，所以早就有人经营此矿。总的来说，主要还是以江西、广东为主。

中国冶金工业落后，开采出来的钨矿本国不能进一步加工，主要是以钨砂这种初级产品形式出口。第一次世界大战期间，中国钨砂开始出口，产量随国外需求而增减，价格决定权亦在国际市场。1916 年钨砂最高售价，纽约市场每短吨 82 美元（平均），彼时欧战方酣，对钨的需求量大，价格自然很高；1922 年，欧战已平息，钨砂在纽约市场每短吨最低价仅 2 美元

（平均）。1918～1936年，中国钨砂产量总计151958吨，年均产量不过8000吨，最高年为1929年，产量达13045吨（标准纯度为六五）。

国民政府资源委员会成立后，筹划国家工业化的根本方针，又因日寇步步紧逼，为及早作好对日作战的准备，资委会将钨矿列入国防战略物资，特与江西省政府合作，开采赣南钨矿。设钨矿工程处于大庾西华山，并设钨矿管理处，收购钨砂加以精选，使与锡分离，此一处产量即占全国的4/5；同时又在江西吉安筹设炼钨厂制炼钨铁，一切机炉陆续运达厂地。因钨矿基本为民窑土法开采，管理处乃设分处收购，除赣省而外，湘粤各省钨矿一并在收购之列。

锑矿：锑矿亦为中国重要特种矿产之一，储量居世界前列，分布亦广，湘、桂、粤、黔、滇及皖、浙、川、鄂等省均有，但全国以湘省为主。而主要产地为湖南新化锡矿山。锑的发现也在清末。以前则多将锑锡混淆。同钨一样，锑矿基本用于出口，产量及价格均与国际市场相连。第一次世界大战期间，国际市场锑价甚高，1915年纯锑价格创历史最高纪录：纽约售价每磅0.303美元（平均），而中国锑品产量也在欧战期间达到最高峰，1917年为33000吨。欧战过后，锑业疲软，1919年中国锑产量骤跌至不足万吨（9172吨）。1902～1936年，中国共产锑520801吨，年均1.4万余吨。不过锑矿开采后，须经提炼方能出口，当然在国内都是土法提炼，后来才部分用新法提炼。锑品向来由矿商自由外销。1936年，资委会亦将锑矿列入国防物资，在湖南设立锑业管理处，实行统购统销，由资委会与国外市场联系，直接给予锑矿生产商以相当利润，使湘省锑业生产能保持较为稳定的状况。

　　锡矿：锡矿于元明时即有开采。当时主要是作为开采银矿附采之矿。至清乾隆年间，滇省制币用锡，锡矿开采始兴。不过作为币材，用锡有限。至清光绪年间，用锡量有所增长，锡产亦随之增长。云南锡矿开采最早，个旧锡产尤其著名。1889年云南蒙自设关，过去只行销于川桂等地之锡，现在循红河销至越南，价格也较国内为高。1910年，滇越铁路通车，锡的出口量及价格倍增。官方见采锡有利可图，遂着手组织机构采矿。1905年矿务大臣唐炯、云贵总督丁振铎奏准由官商集股成立"个旧锡务公司"，官股485000元，商股181000元；1909年，又改组为"个旧锡务有限公司"，官股100万元，商股769500元。该公司向德商礼和洋行订购洗选、冶炼、化验、动力及索道等设备，共108万马克，值50余万元。聘德人裴劳禄为工程师，1910年兴建，1913年竣工。实际冶炼仍用土法，所产锡须运至香港精炼，方能行销国际市场。1920年公司股本增为200万元，官股1398500元，商股601500元，业务益盛。自1890年至1930年，云南个旧共产锡158944吨，年均产量为3876吨。1932年，云南省另设云南炼锡公司于个旧，开始精炼锡砂出口。资委会成立后，为推进锡的生产特设云南锡矿工程处，开凿深井试探个旧老厂锡矿。

除云南个旧锡矿外，他处锡矿还有：广西贺县锡矿，1909 年广西富贺矿局成立，开采锡矿；1926 年广西省政府设立官矿整理处，对富、贺、钟三县锡矿进行整理；1932 年，广西矿商始用机械采矿，嗣后广西省建设厅设立矿务局，机采钟山县望高锡矿；民国初年湖南官矿局对湖南省的江华上五堡锡矿及香花岭锡矿进行开采。

抗战前上述各省产锡总量每年平均为 7000～8000 吨，至 1935 年后，每年始增为 1.1 万余吨。其中，以云南产量为最，彼时个旧因已有炼锡公司，故所炼精锡能在国外市场销售。

其他矿 铜矿：清光绪年间，清廷又谋复云南铜矿，由曾任滇抚的唐炯经办。1888～1906 年为清朝商办时期，19 年共产粗铜 11875 吨，年均产量 625 吨，起色不大。至民初，云南原有官营公司改为民营，广募股本于公家商民，1913 年 3 月，成立东川股份有限公司，资本 60 万元，除铜而外，并经营锌、铅等矿。公司设分局收买各处粗铜，并出售净铜。1907～1911 年公司属云南省营，共产粗铜 4062.5 吨，年均 812.5 吨。1912～1938 年官商合办东川矿业公司时期，27 年间仅产粗铜 7295.97 吨，仅及清乾雍年间总产量的约 1/10。

除云南东川铜矿外，其他各省铜矿还有：湖北省的阳新县洪李田山（宝源公司），竹山县丰石洞（华兴公司）和陈开山（五盈公司）；江西省的张八岭铜矿；吉林省的桦甸皮州梢铜矿，延吉天宝山铜矿，依兰沟铜矿，欢喜岭铜矿；安徽省的铜官山铁铜矿；贵州、四川、新疆、甘肃等省或已发现铜矿而未正式开采，或已开采而规模有限。自民国以来，因时局多变，百业凋零，铜矿业亦显江河日下之势，综计全国铜产量至抗战前年产不过 2000 吨而已。

铅锌矿：主要指湖南省水口山铅锌矿。此矿位于湖南省常宁县。最初发现于明代。当时开采的目的是为提炼银与硫黄，后才以铅锌为主。清光绪二十二年（1896），湖南巡抚陈宝箴设立官矿局，命廖树蘅为总办，在水口山用土法开采，获利甚巨。1906 年，改用新法，购置抽水升降机等；1909 年，又建洗砂台；1912 年，完成了此矿至松柏间的轻便铁道，1917 年再筑成新洗砂台。经过这一系列的革新，该矿产量大为增长，自 1 万吨增至 2 万吨。1896 年，该矿仅产铅砂 527 吨，锌砂 230 吨，至 1909 年，铅砂增至 7787 吨，1914 年更增至 17454 吨，而锌砂在 1909 年则增至 2527 吨，1914 年增至 5777 吨。

欧战发生后，军需品价格骤然上涨，而以铅锌钢铁为甚。1914 年 8 月前，铅每吨只值 10～20 元，一年半后涨至百元；湖南省铅矿不止水口山一处，借此机会水口山等各矿均有所发展。但清政府曾与一德国公司（劳维茨）签订合同，规定各矿供给该公司铅锌 10 万吨，无论市价如何，每吨仍按 20 元计，这个合同给水口山矿带来不小的损失。

在护法战争诸役中，由于销路阻滞，矿山损失约计 10 万元。加之主管人员不懂业务，对技术人员提出的合理化建议漫不经心，致使采矿场塌陷，价值数十万元的洗砂机厂及铅砂数千吨一并陷入；又不肯投资续探深矿。矿山在这种衙门式的经营管理下，旧砂日采日竭，新砂全未探得。产量开始每吨尚能出毛砂百余斤，含石质不过十之五六成，继则吨数减少，石质增多，后来每日仅出砂六七十吨，使现有矿窟有无砂可采之虞。但主持者不以为意，矿山每况愈下。1896～1929年，总计水口山矿共产毛砂1188086吨，铅砂165464吨，锌砂428660吨，黄砂19337吨；共用经费13355970元，每吨铅锌净砂成本平均为22.8元。

铅锌砂亦如钨锑，大部分出口。1897～1912年，十余年间，年产铅砂约3000吨，锌砂约9000吨，均由全省矿务总局发售与德商多福、礼和洋行转销外洋，每年约以万吨计，订约时纳定金、取样、封存交砂，比样兑价，不论成分，不分整碎，铅砂每吨售银约40两，锌砂每吨售银约20两。当时无化验设备，砂质无法准确测定，只能估售而已，价格不免受洋商操纵。1908年中国政府开始自炼矿砂，在长沙设黑铅炼厂，惜不久停办，又在松柏设土法白铅炼厂。1913年矿山设立化验室后，矿砂按成分计算，不再像以前那样估售。1916年恢复黑铅炼厂，但时开时停，铅砂价格仍不能自主。后来各国洋商互相竞争，中国出口商也加入竞争，砂价被外人垄断的局面稍有转变。1924～1925年铅砂价每吨至128元，锌整砂每吨至45元，锌碎砂每吨亦至25元。1926年后，矿砂由湖南省建设厅发售，而价格逐渐低落。后矿山在长沙设营业处，根据外电获悉外市投标决价，以杜绝外人把持价格，并开始减少出口，发展自炼，黑铅价格逐次回升，由每吨60元渐高至102元。价格低落时也可维持每吨90元上下。矿山每月所产700～800吨，除黑铅厂炼销500～600吨外，出口商均可承销无余。只是锌价一直不高，整锌每吨仅售15元上下，碎锌仅7元上下。

石油矿：石油矿的正式开发是在清末。1894年，德商世昌洋行欲探采延长石油，法、日等国也想开发。最后清政府于1905年成立延长石油官矿局。拨官款20万两为开办费，聘日人为技术人员，购买日本采油机械。日方以日本油井拆下的残件交付，中方购买人员懵然无知，至第一口井打成后，机械已大部不堪使用，日方技术人员又扬长而去，谓中国人不能开采石油（后来玉门油矿的成功使日人的"预言"破产了）。中方利用残机凿成第二井，深30丈，产油尚丰，后又凿成第三、四、五、六井，只有第一、二井正式产油，余均未见油，遂成废井。1914年，中国政府与美孚石油公司订约合办油矿，美方提供机械打井，又开凿新井五口，除第一号新井出油外，余皆成废井。所以，延长油矿共开凿油井11口，正式产油的只有第一、二井和新一号井。第一井产油最多，1907～1928年，累计原油产量6008000斤，年均产量273091斤；第二井产油亦旺，惜1919年毁于战乱。新一井因井老油枯，以致产量有下降趋势。

延长油矿前后经营20余年，成效甚微。中方初办此矿目的，是为杜外人之觊觎。但石油矿的开采需经过认真勘探，且在勘探过程中要有相当数额的投资，美方虽后来插手此矿，但不料勘探过程中屡屡失利，投资在短期内不能收效。另外，美孚石油公司正向中国倾销它的产品，如中国自身建立起强大的石油工业，对它当然是不利的；中方办矿人员，"则以历来主其事者，率以为作官，不惟无专门学识，亦无实业观念"，仍把企业当做衙门——总办驻省办事，并不到厂。就当时的客观环境而言，入民国以来，兵连祸结，也无法安心建设。延长油矿到抗战时期仍维持生产，不过产量极微，中国石油矿的兴起，已由玉门油矿为代表了。

五　艰难竭蹶：战时矿业

 大后方的矿业

1937 年抗战爆发，继东北之后，华北全部、华中大部相继沦入敌手，主要矿产地亦为日军所侵占。国民政府退据西南一隅，为应付战时急需，采取了一系列相应的措施。

战时煤矿业损失最为严重。当时中国绝大部分煤矿为日军所占，为解燃眉之急，国民政府在退守的西南等省采取了应急措施，以求尽快发展西南等省煤业，这些措施包括：第一，制定战时呈领煤矿办法，凡呈领煤矿，经省主管官署查明图地相符，并无重复者，俟手续完备后即予批准，先行开采，再行转经济部给照；第二，贷助资金，由工矿调整处贷款拆迁、建设，由燃料管理处贷款周转；第三，供应器材，各煤矿所需器材，由工矿调整处拟定规格，在国内定造，并按优先购买程序，核售各矿；第四，矿工缓役，凡煤矿井下工人和技术人员，暂缓服兵役，以免影响生产。

于是，采煤业素不发达的西南等省，陆续开办了许多中小型煤矿。稍具规模、日产量在四五十吨以上的共59个，其中，四川24个，贵州2个，云南4个，湖南9个，广西2个，广东1个，江西4个，河南4个，陕西6个，甘肃2个，新疆1个。1943年，这些煤矿的总产量达600余万吨。

急速发展的西南煤矿业　抗战时期所指的西南煤矿业，包括川、黔、滇、桂、康等五省的煤业。这一时期西南各省先后新建、扩建煤矿（指用部分机器开采的新式煤矿，不计小煤窑）32个，其中，日产100吨以上的16个，主要的有9个。

四川天府煤矿：位于嘉陵江下游北岸，在重庆市与合川县之间，储量丰富，煤质优良。天府煤矿开采很早，至1912年左右渐盛。1925年北川铁路公司成立，筹划修筑铁路，北自煤田西翼的大田块，南至嘉陵江岸的白庙子，全长17公里。1928年10月动工，1934年3月竣工，成为天府煤矿的运煤专用线。1933年，由北川铁路沿线6个炭厂（如公和、天义、同兴等）协商，并邀请民生、北川两公司投资，组成天府煤矿股份有限公司，资本24万元，沿用旧法开采。抗战爆发后，沿海工厂内迁，川省燃料缺乏，为增产煤炭，于1938年5月由天府煤矿公司与河南迁川的中福公司联合改组为天府矿业股份有限公司。中福公司以拆迁运入川省之器材作股本，天府煤矿公司以原有资产作股本，共计450万元，推举卢作孚为董事长，孙越崎为总经理。该矿由于接收了不少内迁的机械设备，改用新法采矿。1939年产煤71482吨，1944年产煤

379954 吨。

嘉阳煤矿公司：为供给嘉定、宜宾新兴工业区燃料，资委会与河南迁川的中福公司及川省民生公司、美丰银行、德丰企业公司、川康平民商业银行合资 200 万元（至 1945 年增至 400 万元）于 1939 年 1 月组织嘉阳煤矿公司，利用中福公司由河南迁川机器及技术人员，勘定犍为、屏山交界芭蕉沟地方，设立矿厂，新开矿井，采用新法开采。1939 年产煤 19274 吨，1944 年产煤增至 102860 吨，地面运输有轻便道及木船，水陆并用。

威远煤矿公司：矿区位于威远县西北凤凰乡之黄荆沟。1939 年川康盐务总局鉴于自贡盐场需煤甚急，组织黄荆沟煤矿局用土法采煤，后因积水太大，缺乏排水机器，工程陷于停顿。1940 年 6 月，资委会与河南迁川的中福公司联合加入股本，合资 300 万元（1942 年增至 400 万元），改组为威远煤矿公司，利用一部分中福迁川机器，用新法开采。1942 年初投产，日产 300 余吨；又产焦炭，日产约 300 吨，专供威远铁厂炼铁之用。该矿运输，自矿厂井口至骑河店煤厂，修有双轨轻便铁道，中段有放煤坡道一处，长 165 米，安装吊轮放运煤车，运达煤厂后，转装胶轮板车，运至威远河装船外销。

建川煤矿公司：矿区位于重庆之西，1931 年地质调查所即发现此矿，但当时未予重视。至抗战爆发后，川省需煤紧急，才注意此矿。1940 年 10 月，建设银公司及中国银行集资 400 万元，组成中国矿业公司，筹备开采该矿。1941 年，资委会又加股本 200 万元，遂将中国矿业公司改为建川煤矿公司。该公司亦用新法采煤。1941～1945 年，平均日产煤约 140 吨。

宝源实业公司煤矿：矿区位于嘉陵江南岸，北距夏溪口约 10 公里，在北碚管理局所属澄江镇蔡家沟一带，此外还有矿区散布于巴县、璧山、泸县、永川、巫山等县。该公司创办于 1928 年，纯为商办，资本 80 余万元，机械采煤，1944 年日产煤约 200 吨。

全济煤矿公司：矿区位于四川省合川太和镇之香饼场及饶家湾，南距嘉陵江边之草街子 10 公里，有轻便道可通。该矿于 1912 年开办。1937 年，以 1 万元的代价转让给中国西部科学院经营，增加资本，扩充设备。1943 年与石燕煤矿公司合并改组，资本总额 250 万元。有部分机械设备。最高日产煤约 200 吨。

明良煤矿公司：煤田地处云南省嵩明、宜良县之间。1912 年左右，可保村有美利公及开济公两煤庄成立，包销左近乡民所采之煤，并自雇工人采掘。1915 年，云南煤矿公司成立，收买合并了美利公和开济公煤庄。1927 年，又改组为云南明良煤矿公司，资本约 20 万元。1937 年 3 月，资本增至 50 万元。1939 年 9 月，资委会加入股金，改组为官商合办明良煤矿公司，总共资本 280 万元（官 220 万元，商 60 万元）。1945 年，资委会收买全部商股，改组为明良煤矿局。明良公司有矿厂 3 处：一为小松园矿厂，1941 年 8 月投产；一为万寿山矿厂；一为喷水洞矿厂。这 3 个矿厂的机械化程度较高。明良公司的产量 1939 年为 8836 吨，

1944 年（最高）为 74720 吨。

南桐煤矿：矿区位于贵州省南川、桐梓两县交界处。1938 年春，政府当局成立钢铁迁建委员会，为筹煤焦，同时成立南桐煤矿筹备处，投资 100 万元，探采南桐挑子荡煤田，以供重庆大渡口钢铁厂之燃料。同年 8 月开工，1940 年 2 月，取消筹备处名义，称南桐煤矿。日产煤能力可达 500 吨。另有部分焦炉，月产焦几百吨。该矿王家坝至柳湾，全程 173 公里，敷设轻便铁道，用人力推运。

西湾煤矿：矿区位于广西贺县西湾，地跨钟山、贺县。清末民初，因政局关系而停采。1935 年，广西省政府拨款修复；1938 年 7 月，由资委会与广西省政府合组桂平矿务局，将西湾煤矿归并该局经营。该矿恢复生产后，日产煤可达 200 吨。

在抗战期间，西南区除上述煤矿外，还有四川省的三才生煤矿公司、东林矿业公司、华昌公司、张芭煤矿公司、云南省的宣明煤矿公司、滇西煤矿筹备处、贵州省的贵州煤矿公司等，都是年产仅几万吨的小矿。然而，就西南区的原煤总产量而言，1942 年比 1936 年仍增长了 1.8 倍。

湖南、广东及西北各省煤矿业的初步发展　在抗战期间，中南、西北各省重要煤矿，计湖南 9 个，江西 4 个，陕西 6 个，甘肃 2 个，新疆 1 个，广东 1 个。湖南为华中煤炭储量较多的地区，随着华北、上海的相继陷落，华中、华南煤炭的供应，很大部分仰赖湖南、江西。而湖南省的用煤区域，分为铁路沿线与湘西区域。前者为粤汉及湘桂两铁路机车用煤及沿线工厂用煤，后者包括沅江流域各县，为抗战后大部分华中工厂迁建集中之地。因此，抗战之初，资委会及湖南省政府首先在这两个区域新建了一批煤矿。计有：湘潭煤矿公司、湘乡恩口煤矿公司、祁零煤矿局、辰溪煤业办事处、辰溪煤矿公司、湘南煤矿局、湘江煤业公司、醴陵煤矿局。而其中湘潭煤矿公司、湘乡恩口煤矿公司受战局影响，开办不久即停办；湘南矿务局、祁零煤矿局和醴陵煤矿局规模稍大。

湘南矿务局：抗战开始后，资委会为开发湘南耒阳、永兴、彬县、汝城、宜章等县的煤炭、钨矿及其他金属矿产，于1940年筹设湘南矿务局，在永兴、彬县、汝城分设一、二、三、四矿厂（第四矿厂开采钨矿），购置锅炉、绞车、水泵、发电机等机器，用新法采煤。日产煤炭约400吨。

祁零煤矿局：矿区位于祁零、零陵二县。1938年10月，为解决湘桂铁路机车用煤，资委会用20万元资金（1941年增至50余万元）于零陵易家桥组织祁零煤矿筹备处，在祁零、零陵二县内勘察矿区，收买茂胜公司矿区，开凿立井。1939年10月投产。1940年4月取消筹备处，改为祁零矿务局。

醴陵煤矿局：矿区位于醴陵石门口。1921年即有宝源、汇鑫、阜南、民生等公司开采，因销路阻滞，亏损不少。1930年1月，由湖南省建设厅出资18万元收买，设立石门口煤矿局。抗战后，北煤不能南运，粤汉、浙赣铁路用煤全恃此矿供应。1938年11月长沙大火，局势紧张，销路锐减，该局即奉命停工。1940年铁路运输恢复正常，该矿亦恢复生产，并改名为醴陵矿务局。该矿设备较全，生产能力为日产400吨以上。

高坑煤矿局：矿区在江西萍乡，与萍乡安源煤矿接壤。1936年，政府当局筹议创办中央钢铁厂，所需煤焦，拟部分取自该矿区。同年10月，资委会正式筹备高坑煤矿处。1938年3月改称高坑煤矿局，以资金100万元，整理旧窑，开凿新井，修筑铁路支线。1939年3月，生产能力已达日产500吨。但因中央钢铁厂始终未能成立，煤之销路不畅，故每日只产200吨。至同年4月，南昌沦陷，局势紧张，奉命停采。所有机件拆迁祁零、明良煤矿、甘肃油矿等处。1940年9月，时局稍定，部分恢复生产。

同官煤矿公司：矿区位于陕西省同官县，有陇海路之咸同支线直达矿区。1939年6月，由陕西省政府与陇海铁路局合资200万元，成立同官煤矿公司。1940年6月正式出煤。1943年4月，各项动力及机械设备次第完成，开始大规模开采。该公司最高日产煤800吨。至1945年，因新工程未能及时完工，产量下降，日产仅300吨左右。所产煤炭，多供陇海铁路机车之用，其余销于西安、宝鸡及咸同铁路沿线各地。

甘肃煤矿局：系由永登煤矿局和阿干镇煤矿合组而成。永登煤矿局矿区在甘肃省永登县。1941年冬，由资委会与甘肃省政府合资400万元组织永登煤矿局，开采永登窑街煤田。该矿有轻便铁路12公里。煤运可从虎头涯沿湟水以皮筏顺流而下，至兰州等地。1943年，矿井生产能力为日产 200 吨。所产煤炭销售与甘肃水泥公司及湟水并黄河两岸居民。阿干镇煤田采掘历史甚久。抗战期间，甘肃省政府在阿干镇之北开有土窑十几处，用土法采掘。日产仅百余吨，悉数销往兰州市。

富国煤矿公司：矿区位于广东省曲江县西北 15 公里。筑有窄轨铁路与粤汉路相连。公司创办于 1930 年，资本 100 万元，后增至 250 万元。初用土法，后装有机器，用新法开采。运销广州等地。广州沦陷后，销路大受影响，1941 年仅产煤 200 吨。

陕县民生煤矿公司：矿区位于河南省陕县东南，距陇海路观音堂站约 5 公里。该公司创办于 1920 年，初用土法开采，至 1925 年改用新法。抗战爆发后一度停采，至 1940 年才恢复生产，以供给陇海铁路及陕西省用煤。资本原定 100 万元，实收 25 万元。1940 年日产达 310 吨。

八道湾煤矿：矿区位于新疆迪化（现乌鲁木齐）市东，煤田分布甚广，开发亦较早，抗战爆发后，煤炭需求增加，煤业亦渐发达。抗战中期，新疆省府投资开采，购置机器，开凿新井。全矿区日产 500～600 吨。

除上述几省产煤外，青海、宁夏等后方省份亦出产煤炭，但产量均较小且为土法开采，所产煤炭多为当地及附近民用。

综上所述，抗战爆发后，湖南、江西、广东、陕西、甘肃等省先后开办日产 100 吨以上的近代煤矿（不计土法煤窑）19 个，生产能力都较小，年产量在几万吨左右，一般不超过 10 万吨，机器设备因陋就简。日产在百吨以下的则未予记录。

整个抗战期间，国民政府管辖区的煤矿产量总计为 500 万 ~ 600 万吨，其中，西南 5 省占一半。西南区中主要产煤省份为四川，该省在战前年产仅 140 万吨，而到 1944 年原煤产量增至 290 万吨，增长一倍多。

 ## 资源委员会与战时矿业

资源委员会（下简称资委会）的前身是 1932 年 11 月 1 日成立的国防设计委员会。1935 年 4 月 1 日改组为资源委员会，其职责主要是调查各种国防经济资源，这个机构是针对日益逼进的中日战争而设置的。随着形势的变化，资委会的工作重点由调查研究转变为拟制各种资源建设及战时动员计划。从 1936 年初，资委会设立了钨业、锑业管理处，开始对全国钨锑事业实行统制，这在前述特矿时已有所论述。同年中期，资委会正式兴办工矿企业，逐步走上了经营重工业生产的道路。

1938 年 3 月，资委会又改隶经济部。从 1935 年至 1938 年，资委会就有关工矿事业做了以下工作：第一，统制钨、锑，经办特种矿产出口易货偿债事宜；第二，着手创办重工矿企业。

据此，资委会还对全国煤炭生产运销及消费状况，钨、锑、铜、锌、铝等重要战略矿产资源状况，全国石油生产、进口、运销及存货状况进行了调查研究，并拟制了战时矿产品的统制动员计划。这个计划在战时起到了一定的作用。

煤矿 资委会很早就对全国煤藏及煤业生产上的地域局限有所觉察。在战争爆发前，已拟订有计划要求东南各省每年至少增产煤炭 150 万吨，否则，一旦战争爆发，交通阻塞，北煤无法南运。因此，资委会申请紧急拨款 930 万元，准备在江西和湖南二省设立 5 家煤矿，争取两年内达到 150 万吨的能力。但战争很快爆发，这个计划就付之东流了。然而资委会并不因此而消极。正面战场节节失利，资委会总是尽其所能地在战事未及之处，发掘老矿潜力，开办新矿。总计抗战期间，资委会先后经办的煤矿共 26 家，分布于西南、西北 8 省，其中，江西、贵州各 3 家，湖南、四川各 6 家，云南 4 家，甘肃 2 家，广西、广东各 1 家。

资委会在改进煤矿生产技术方面也尽其所能。战前，后方各省煤矿业开采技术相当落后，矿井开凿、挖煤及运输等一系列生产环节都普遍采用手工操作，产量低而成本高。由于缺乏机械设备，许多煤矿只能开采浅层煤，造成资源的极大浪费。资委会各煤矿陆续设立后，在凿井、通风、排水、提升、运输等一系列生产环节上尽可能地用机械设备取代手工操作。

在对煤矿的管理方法上，资委会也作了不少改进，如集中管理、加强发挥技术人员的作用、建立专业矿工队伍等。

出于上述原因，资委会所属各煤矿的生产效率、产量在后方所有煤矿中占有突出地位就是顺理成章的了。下面的几个数字就可以简明扼要地说明这种情况：1939 年，会属各矿烟煤产量为 26 万吨，到 1943 年已达 110 余万吨，增加 3 倍有余，其增长率远远超过同期内后方其他煤矿——从 1939 年至 1943 年，后方其他煤矿产量平均每年增加不到 1%，1944 年更是大幅度下降，全年产煤 337 万吨，仅为 1943 年产量的83.4%；而会属各煤矿产量，1939～1944 年，平均每年递增 33.9%。

资委会在后方煤业中的地位也不断上升：1939 年，会属各矿煤产量仅占总产量的 4.8%，到 1944 年，已上升至 20.6%。应当说明的是，会属煤矿在后方煤矿总数中所占比重是微乎其微的。1943 年，后方各省共有煤矿 1478 家，其中，资委会管辖的煤矿仅 24 家，占总数的 1.6%，其产量却达 111 万吨，占总数的16.8%。

战前，关内所产煤炭作为民用燃料的占 50%，用于工业的仅占 28%。后方各省工业基础薄弱，工业用煤量更少。资委会所属煤矿多为解决工业或铁路用煤急需而设。例如，祁零煤矿主要供应湘桂、黔桂两铁路，八字岭煤矿供炼焦所用，辰溪煤矿供当地兵工厂及电厂燃料之用，嘉阳煤矿供附近兵工厂及盐场之用。因而，资委会各矿所产煤炭中工业用煤所占比例甚高。1943 年，天河煤矿筹备处所产煤炭 50% 以上供发电和其他工业之用，30% 用于炼焦冶金，亦即全部产品中

80%是工业用煤。同年明良煤矿公司所产煤炭52%供工业之用，另有40%供滇越、叙昆等铁路之用。总计资委会所属各矿战时所产煤炭中，约67%为工业用煤，19%为铁路机车所用，其余14%为民用燃料。

铁矿　战时对钢铁制品的需求急剧增长，但战前中国钢铁工业极为落后，1937年全国以机械冶炼生铁产量为958683吨，钢556347吨。这其中，还包括日本侵占下的东北产生铁81万吨，占总产量的84.5%，产钢52万吨，占总产量的93.5%。完全由中国人自办的铁厂仅汉口六河沟铁厂及山西阳泉保晋铁厂两家，钢厂仅上海炼钢厂等4家，年产量不足4万吨。各地铁矿所产矿99.9%以上运往东北。中日战争爆发后，铁矿资源蕴藏量丰富的地方基本落入日人之手。后方在战前已勘明为铁矿资源贫乏区。铁矿只有四川的綦江、涪陵、彭水、威远和云南易门数处。没有铁矿资源，钢铁生产就不可能发展。资委会曾拟在湘潭建立钢铁厂，旋即因战火燃及湘赣而放弃。不得已撤往内地，在四川、云南建立了几家钢铁厂，虽产量极少，但聊胜于无。

尽管如此，资委会还是在川、黔、桂、康、滇、赣、陕、甘、宁等省区努力发掘铁矿资源。现将资委会勘探的后方各省铁矿资源略述如下：

四川：主要是菱铁矿与赤铁矿，多为当地农民炼成土铁，经济部钢铁管理处进行收购；资委会自行开采的是綦江铁矿，以作为重庆大渡口钢铁厂的冶炼原料。从1939年到1945年，共采铁矿271845吨。

云南：资委会于 1939 年 7 月成立易门铁矿局（1945 年改为滇中矿务局）。从 1939 年（10～12 月）到 1945 年共产铁矿 44785 吨。该局所产铁砂专供资委会与兵工署及云南省政府所建的云南钢铁厂之用。另有昆华煤铁公司在易门每年产砂 1000 余吨。

其他省份铁矿有的只处于勘探阶段，有的由地方当局进行开采，但数量微小。总的来讲，战时后方铁矿业的生产规模是相当有限的。

其他矿 战前资委会拟订的庞大国家工业化计划中，规定了几项原则：第一，为国防所必需，应该由国家特别经营的事业，由国家经营；第二，在国防上或经济上有统筹之必要的事业，由国家经营；第三，特种产品在国际上近乎独占，可以左右国际市场的事业，由国家经营；第四，规模宏大，需要特殊设备和大批人才，私人企业没有力量办，或虽有力量办而由于经济上无把握不愿意去办的事业，由国家经营；第五，人才甚感缺乏，目前无利可图的事业，由国家经营。

按照这些原则，国家是要把重工业（也包括矿业）基本上全包下来。1935 年拟制的一个三年计划中，在矿业方面，就有开发宁乡和茶陵铁矿，年产 30 万吨，开发大冶、阳新和彭县铜矿，开发水口山和贵县铅锌矿，年产 5000 吨，开发高坑、天河、谭家山和禹县煤矿，年产 150 万吨，开发延长、巴县和达县石油矿，年产 2500 加仑，等等。1936 年资委会开始进行工业建设，经过一年多的努力，成立厂矿单位 21 个，矿业方面的有煤矿、石油矿、铁矿、铜矿、铅锌矿、锡矿、金矿等。中日战争全面爆发后，这个计划只来得及实施很少部分，特别是矿业有其特殊性，主要是地域和资源上的限制。但资委会在抗战的八年中，在矿业方面，还是建成了煤矿 19 个，石油矿 2 个，铁矿和铜铅锌矿 4 个，钨、锑、锡、汞矿 10 个，金矿 2 个。煤矿和铁矿已大体有所论述，钨、锌、锡矿及石油矿将在以下专节论述，剩下来的只有铜铅锌矿及汞、金矿了。这几种矿产量很有限，但还是有必要做一概括性的论述。

铜矿：战前资委会已确定开发湖北阳新和四川彭县铜矿。战争爆发后，开发阳新铜矿的计划流产，资委会遂集中精力对彭县铜矿进行开发。1936 年资委会即与四川行营合作勘探彭县铜矿，成立彭县铜矿筹备处，向德国订购机械，因战事很快爆发，海口被封锁，订购机械无法内运。随后资委会将该矿接办经营，自行设立机械进行冶炼，年产粗铜三四十万吨，但产矿情形不详；1944 年该矿交与川康铜铅锌矿务局。云南东川铜矿，1939 年由资委会与滇省政府组成滇北矿务公司，接收该矿。该矿战时约产粗铜仅 200 余吨。1938 年，资委会成立铜业管理处，总处设成都，分处设荥经、会理两县。一面收购各项铜料，以应急需；一面筹划自产，并成立勘测队，分往数十处勘探铜矿，成绩不佳。上述各处铜矿所产矿石究竟多少，全无数字记载。

铅锌矿：1938 年战时资委会川康铜业管理处接收

西康会理天宝山锌矿，与西康省政府合资经营，成立天宝厂，该矿所产锌砂，送往益门炼厂冶炼，可得精锌；另外，云南东川矿山铅锌厂亦炼铅锌，原料来自云南东川会泽。1937～1942年水口山老矿所产矿砂，毛砂为150840.55吨，铅砂为14527.95吨，锌砂为24068.54吨。这几处铅锌矿中，还是水口山所产矿砂量最高，但由于战争，产量明显下降。其他几处铅锌矿产量不详，只知道1942～1945年（1～6月）天宝矿送益门炼厂炼锌，共产毛锌513吨。战后该厂业务停顿。云南东川铅锌厂1939～1945年（1～6月）共产净铅865吨，净锌303吨。水口山的铅、锌两厂因1938年长沙大火，一度停工，后复工。1937～1942年两厂共产纯铅6886.5吨，纯锌1741.5吨。铅锌过去多用于出口，战时出口停顿，产品由矿产运销处统筹销售。总的来说，销路并不旺盛，尽管因战争而产量大减，但历年存货不少。只是由于军工及造币需要才解决了部分产品的销路。

金矿：抗战之初，国民政府为增加国库准备与外汇基金，实行黄金管制政策。1938年，经济部成立采金局，创办自营金矿及推动民营金矿，颁布了关于采金、收购黄金、民办金矿呈请章程等一系列规定，鼓励民营金矿。但所有黄金由政府统一收购。虽则如此，一时间官民采金机构业务颇盛。大后方可采金矿不少，官方采金局到处设立采金处；由于官方提倡奖励，民营金矿亦复不少。1938年，后方产金量仅31000余市两，1939年则猛增至313015市两，1940年更增至

377000 余市两，官方收兑金银机构在 1939 ~ 1940 年，共收金 580000 余市两。但 1940 年后，后方物价飞涨，采金成本也大幅度上涨，而官方收购金价则不变（每市两 680 元），致使采金不敷成本，产量锐减，1940 年产量仅 8 万余市两，1941 年更骤跌至 1 万市两以下，民营各矿相率停闭。官营金矿也不堪亏折。1944 年采金局被撤销，又允许黄金自由买卖，原采金局所属机构设备归属资委会。总计 1938 ~ 1945 年后方各省金矿（官民矿均在内）共产金 1587676 市两。

汞矿：1938 年资委会与贵州省政府合办贵州汞矿，设立贵州矿务局，并接收了省营万山朱砂局。1939 年经济部以汞为军需原料，特由资委会管理黔湘川三省汞业，先后成立湖南汞业管理所及四川分处，次年设立汞莉坪三八等矿厂积极经营汞业。1941 年上述几处机构合并为汞业管理处，主持三省汞的采收运销业务，收购矿户精选之矿砂提炼水银以铁罐装运外销及内销业务，每年产额在 80 ~ 100 吨。1937 ~ 1945 年，后方的汞产量总计为 26273 罐（每罐 30 ~ 40 公斤）。

 ## 资源委员会与特矿

特矿统制的由来　第一次世界大战后，国际上时有经济萧条，加之中国钨锑价格操纵于外国商人（洋行）之手，因此，国内钨锑业一度不振。自 1931 年九一八事变后，战争阴影笼罩着中国，国民政府未雨绸缪，1932 年即设立国防设计委员会，下属资源委员会。

国防设计委员会的成员有不少中外闻名的专家学者，从军事到工业，人才济济，面对着日本对中国的战争威胁，他们拟定了对日作战方针，在经济方面，资源委员会的专家们考虑到必须储备战略物资以应付一旦爆发的战争。他们设计出一种统制政策，即将钨锑等战略物资由国家经营并建立必要的储备。1935年，资源委员会与国防设计委员会分离，自成一体，并享有较大的权力。从1936年起，资委会先后统制过钨、锑、锡、汞、铋、钼、铜7种产品，其中，对铜的统制仅及于四川、西康两省，且主要是为了收购存铜，供工厂冶炼之用，统制活动较为简单。其余6种产品主要用于出口。其中，铋与钼是钨矿与锡矿的副产品，数量极微，汞产量也不大，钨、锑、锡就成为资委会统制的重点。

中国的钨、锑、锡储量在世界上名列前茅，产量在世界同类产品中亦占相当比重。但国内钨、锑、锡生产方式落后，资本薄弱，商业资本控制了钨、锑、锡的生产，而最终价格权又掌握在上海和香港的洋行之手。国内矿商大部分并不直接与国外贸易，洋行得以在经营这些矿产品出口贸易时赚取买价与卖价间的差额。因此，国际市场需求的多寡决定着中国特矿产品生产量的高低。

由于钨、锑、锡成了江西、湖南、云南等省的重要出口商品，地方政府为攫取厚利，纷纷设立各种机构，插足当地的钨锑锡业。在资委会实施统制前，各省政府已不同程度地控制了省内的钨锑锡业。

　　各省地方政府对本省主要出口矿产品实行了不同程度的统制，但对改善钨、锑、锡生产方法，提高产品质量，改善出口矿产品贸易条件等并不关心。以赣钨来说，省政府委托专营时，每年仅得税款 22 万元，1935 年，江西钨矿局实施专卖后，省政府钨业收入猛增至 93 万元，比专卖前增加 3 倍有余。驻军所得利润也从 1934 年的 277500 元增至 890400 元。云南省政府实施滇锡出口跟单制度后，富滇新银行往往蓄意压低汇价，1938 年 8～9 月间，港币 1 元可换滇币 1.7～1.8 元，而该行规定的汇率仅 1∶1.25。其时，滇锡在香港售价每吨为 2816 元，折法币 4928 元，而按富滇新银行所定汇率折算每吨仅 3520 元，即每出口 1 吨滇锡，银行至少可净赚 1408 元。

　　显然，地方政府的统制没有也不可能改变钨、锑、锡业落后的生产方法及其受制于外国洋行的处境，充其量不过是搞地方矿业垄断，将由垄断而来的利润装进私人腰包。

　　国民政府不能容忍地方政府恣意妄为，尤其是蒋介石上台后，为剪除异己，或武力讨伐，或用金钱收买分化，总之是不择手段，但所有这些，又无一处不需要大量金钱。再加上"围剿"红军及搞一些建设事业，更觉财政支绌。因此，对于上述钨矿出口贸易，国民政府决定把它拿到手里。由于钨砂出口价值最巨，产地又极为集中，比较易于管理，因此中央首先从统制钨业入手。1931 年，行政院通过了"整理全国钨矿业办法"的提案，下令取消江西、广东两省现行办法。

规定以后钨砂出口须持有实业部护照方可放行，但当时受到各省抵制，这一规定并未生效。1933 年，实业部拟借德款，组织钨矿专营公司，先从赣南钨矿入手，此举又遭各方反对，只得作罢。此后数年，钨、锑、锡业仍由各省自行办理。但中枢始终没有放弃统制全国钨、锑、锡业的计划。1934 年后，国际形势也发生了变化。欧洲各国加紧军备竞赛，工业生产逐渐从大萧条中复苏，钨、锑需求增加，价格渐涨，各省政府统制利益增加，尤其有的省份还利用出口钨、锑向外国换取军火，加强军事实力，这更使得中央政府坚定了统制全国钨、锑、锡业的决心。

1934 年，资委会提出了调查全国钨、锑、锡业产运状况以备实施统制的建议，并派人到江西等地进行实地调查；1935 年，资委会拟定了《统制全国钨矿方案初编》、《钨、锑统制实施纲要》等文件，详细分析了当时钨、锑业的生产方法和生产效率、经营方式，以及各省的统制方法。由于钨业价值最大，资委会对钨业的考察也最为详尽，文件认为赣钨现行的生产与经营方式有资源浪费严重、成本过高、组织散漫、矿工生活困难等弊端，为此，由中央实施统制势在必行。资委会建议组织全国钨矿统制局，结束现有的各种统制组织，以统一事权。钨矿局应从生产、运输、贸易各方面分阶段实施统制。第一阶段主要工作为勘探地质，估量矿产，核定矿区，限制自由采掘；举办矿工登记，取消小贩制度，成立化验室，检验出口钨砂品质。第二、三阶段的任务是要进一步完善第一阶段的工作。此外，资委会还提出运输和贸易统制。这些计划，资委会大体上完成了。

要想统制全国钨、锑、锡业，首先必须解决中央与地方政府的分利问题。中央在实力增强的基础上与地方政府进行谈判，最终达成有妥协的协议，即中央与地方对半分利。1935年12月，资委会与湖南省政府订立统制湖南省锑业合作办法；1936年2月，与江西省政府签订统制江西钨业合作办法。这些协议的主要内容是：第一，由资委会在各省设立统制机构，所有统制事宜均由资委会派员负责，省方负责矿区治安及缉私等事宜；第二，统制后所得盈余，由会省双方平分，资委会所得部分必须用以在该省兴建重工业厂矿；第三，各省原有统制机构一律撤销。

协议签订后，资委会于1936年1月在长沙设立锑业管理处，同年2月28日在南昌设立钨业管理处，开始对占全国钨、锑产量80%以上的湘锑和赣钨实施统制。接着，资委会又根据同样的条件与其他各个产钨锑的省份协商统制办法，以求切实控制全国钨锑业。这时各省已无力反抗中央对钨、锑矿业的统制政策，但又不愿轻易将本省利源放弃，遂纷纷提出各种合办条件，其中，与广东协商钨业统制办法时所费周折最多。

广东本省产钨量并不大，但广州为许多赣钨运往香港的必经之途，粤军驻防江西钨产区，以武力强制收运钨砂出口，得利甚巨。钨业管理处成立后，首先加强了对赣钨出口运销的管理，这就直接触犯了粤军的利益。粤军深恐钨砂运销之利被资委会独占，于是一方面抬高购砂价格，在钨管处统制的赣南产钨地区争购钨砂，并阻挠钨管处在赣南的收砂事宜；一方面又将手中积存钨砂低价出卖，致使香港钨砂市场砂价低落，外商乘机获利，严重地影响了钨管处的统制。为此，钨管处一再致函蒋介石，要求蒋出面干涉此事，并提出了设立钨管处广东分处以统制粤钨的建议，蒋同意此议，但孔祥熙插手钨业，以冀获利。于是，资委会通过蒋予以抵制，抢先设立钨管处广东分处，杜绝了孔插手之路，同时，与粤方进行谈判。粤方深知资委会统制已是大势所趋，遂提出种种理由拖延，后经资委会多方催促，终于将广东原有钨砂管理机构撤销。作为交换条件，原有积存钨砂仍归粤军所有，资委会应发给 2000 吨（至少 1000 吨）钨砂的出口运销护照，钨管处广东分处成立后所得利润半数须拨归粤军，并进一步提出统制后的粤钨利润全归粤方，这样的条件资委会当然无法接受，最后谈判结果还是基本维持原议，又加上资委会以所得盈利在广东兴建重工业厂矿。1936 年 9 月，钨管处广东分处在广州成立，粤钨遂纳入资委会统制范围。

嗣后，资委会又陆续与各省签订协议，设立了钨业管理处赣南分处（赣县）、湖南分处（零陵）和锑业管理处贵州分处（六合），逐步完成了对全国钨、锑业的统制。钨、锑等战略物资（后来还有锡、汞）控制在中央政府之手，对随后战时易货偿债起到了很大作用。

战时资委会与特矿 资委会对赣钨实施统制后不久，抗战爆发，1940年底，《中美金属借款合约》签订，钨砂成为偿债的重要物资，所需钨砂大幅度增加。为保证协定的履行，资委会钨管处采取了举办矿业生产贷款、代购物料、兴办矿工福利、办理矿工缓役等措施，对战时条件下维持赣钨生产发挥了很大的作用。1937年，赣钨产量7971吨，1938年增至9110吨，1939年和1940年略有下降，资委会加强统制后，1941年产量已超过1938年，为9561吨，1942年突破万吨大关，达10027吨。此后，通货膨胀日渐加剧，赣钨生产成本剧增，收购价格跟不上生产成本的增加，矿工多改他业。其时，太平洋战争已爆发，美国急需钨砂，资委会与美方交涉，停止用钨矿还债，以后所交矿品，一律作为双边贸易，以现汇支付货款，国内资金周转暂时得到缓解。但不久，资委会所得现汇仍不能维持钨矿的再生产，原因在于外汇受中央银行统制，规定法币20元比1美元；但物价飞涨，20∶1的官方牌价形同虚设，资委会再次与美方交涉，利用美方急需战略物资的心理，建议改用黄金结算，即以每盎司黄金合35美元的官价易取钨砂。由于黄金基本上随市涨落，得价优于美汇，从而解决了钨的产运成本，并能有利可图。但所得的黄金仍须经过中央银行，到底还是落入国民党金融机构之手。钨的生产，不但没有起色，而且每况愈下，1943年赣钨产量减至7626吨，1944年因战局恶化，外运更为困难，资委会下令减产，该年产量仅2823吨。

除江西外，广东、湖南、云南、广西等省也均有少量钨砂出产，资委会在各省分别成立分处实施统制。由于军事、政治状况的不断恶化，各省钨砂产量均下降较多。湖南钨砂产量从 1938 年的 2054 吨下降至 1944 年的 184 吨，广西的钨砂产量从最高的 870 吨（1941）跌落至 1944 年的 91 吨，广东由于情况特殊，钨砂生产下降更多，1937 年粤钨收购量达 2072 吨，到 1944 年只有 128 吨。

资委会锑业管理处设立之初，国际锑品市场供过于求，因此，统制原则为限制产运之数量，调节生产。锑管处公布的《锑业管理规程》规定，各炼锑厂均应向锑管处登记领证，锑管处根据各厂前一年的实际生产能力、产品质量及国际锑品贸易情形按月规定最高生产额。锑砂及各种锑产品在省内各地转运须凭锑营处规定的各厂产额领取护照，锑品出省或出国则须凭上述护照领取许可证。锑管处按锑产品时价收取 8% 的许可证费和每吨 2 元的护照费。以前对锑矿征收的各种捐税，除矿产税和关税外一律废除。在这种制度下，锑商领得许可证后可自由运销，锑管处无从干涉。其时，日本为积极准备入侵中国，大量购储战略矿产品。1936 年中，三井、三菱洋行通过买办在长沙一次即购入锑砂 2000 余吨。为改变这种情形，锑管处改变了统制办法。1936 年 11 月 30 日，公布《锑业专营实施办法》，规定自 1937 年 1 月 1 日起，湖南全省锑品统归锑管处在长沙收买，原征收的 8% 许可证费取消，锑品买卖价均由锑管处决定，经长沙关输出的锑产品均凭资委会出口许可证放行。专营办法公布后，湖南锑商极为反对，要求予以废除。锑管处在资委会的支持下，与湖南省政府合作，采取所谓"恩威并施"的办法，一方面派出保安队协助锑管处在矿山成立办事处，撤销矿商组织的冬防委员会、护矿队等组织，另一方面同省政府一起与锑商谈判，同意修改专营办法。几经协商，锑商接受锑管处专营，锑管处则采纳锑商建议，按伦敦或香港市价确定价格标准，锑管处向矿商收买锑品的价格随其在长沙出售时的价格上下浮动。

锑商的要求暂时得到满足，风潮方告平息。以后，锑管处又逐渐增设收锑站，参照赣钨管理办法，直接到矿山收锑。最初几年，锑产品产购量达 1 万吨左右。1940 年，锑业生产开始出现危机，危机的主要原因也是通货膨胀的影响。以湖南锑产量最富的锡矿山为例，抗战前每吨锑开采费约为 10 元，每 13 吨锑砂可炼纯锑 1 吨，即每吨纯锑开采费为 130 元，抗战爆发后物价飞涨，1941 年 7 月，每吨纯锑的开采费用已上升至 1300 元，为战前的 10 倍。此外，锑砂冶炼费、装箱费、运杂费也相应增长 10 倍左右。这样，1 吨锑砂从开采至运交锑管处收购为止，生产成本共约 1967 元。尽管锑管处已将纯锑价格从最低每吨 285 元提高至 1500 元，但仍难跟上生产成本的增加，每吨纯锑亏损达 467 元，矿工、炼商无利可图，难以维持生产。另则，国际市场对华锑的需求大减，1939 年欧洲战争爆发后，华锑最大的出口市场丧失，遂改向美国输出，美国为保证国内用锑，采取种种措施刺激国内生产。

1941年，美国锑产量仅312吨，但到1943年，已达5124吨，加上复炼锑18000余吨，共达23000余吨。同时，美国又用提高锑产品收价的办法，促进南美各国增产。1938年，墨西哥产锑7391吨，玻利维亚产锑9437吨，到1941年，两国锑产量已分别增至11132吨和14870吨。1943年墨西哥输美锑产品共13200吨，玻利维亚等其他南美国家输美锑产品共19500吨，致使该年美国锑产品供给量达55700吨之巨，而消费及输出量仅41800吨。在这种情况下，美国不愿舍近求远，购买华锑，更不愿抬高华锑收购价格。1941年修订中美《金属借款合约》时，规定中国不必按约交付锑产品，中国出售锑产品所得货值可自由支配。太平洋战争后，锑产品也需像钨砂一样或者绕道西北输往苏联，或者由飞机运至印度后转送美苏。锑产品量重值轻，在运费激增的情况下，出口亏累甚巨。据统计，1942年12月，资委会自昆明运出一吨纯锑，亏损13041元，自兰州运出亏损23939元，自猩猩峡运出，每吨亏损额更达53853元之巨。于是，资委会只得采取"丢锑保钨"的政策，限制收购锑产品，以减少锑产品的生产。

与钨、锑相比，资委会对锡业的统制最弱，时间也最短。由于中苏贸易协定中规定华锡为中方偿债矿品之一，因而经济部于1939年6月公布了《锡业管理规则》，指定资委会管理"锡及锡砂一切事业之生产运销"，资委会于同月设锡业管理处于桂林，开始统制全国锡业。中国主要锡产地为云南个旧，其产量占全国

80% 以上，滇锡向来为云南省政府的一大财源，云南又始终处于半独立状态，资委会始终未能完全接管滇锡统制事宜。1939 年 11 月，资委会与云南省政府协商设立云南出口矿产品运销处，开始管制滇锡出口运销事宜。但滇方未允资委会在个旧直接收锡，而是通过富滇新银行收购，先交与贸易委员会（滇省与财政部合办）云南分会，再交与运销处出口，后经资委会提议，改由富滇新银行收购后直接交运销处出口，减少了周转环节。这种情况直至抗战结束仍无变更。

出口运销处成立之初，因往年有大量锡锭积存，1939 年产购量近万吨，1940 年更达 13000 吨，其后，积存锡产品收购殆尽，滇锡产购量一落千丈，1941 年仅 3591 吨，1942 年为 5654 吨，1943～1945 年分别为 3076 吨、1018 吨和 1878 吨。导致滇锡产购量剧减的最大原因是通货膨胀。

主要锡产区个旧所需日用品和生产用具全靠外县供给，因而通货膨胀对个旧矿区的影响最大。以米为例，1939 年春，个旧米价每石仅 30～40 元，至 10 月间已上升至每石 180 元左右，次年 7 月再涨至每石 400 余元。此后米价更是直线上升。其他物品价格亦如米价，致使个旧锡砂成本急剧增高，而收价却远远落后。再有，自统制滇锡后，原跟单制度被废除，以往个旧锡价随伦敦锡价而起伏，现在则由贸易委员会云南分会斟酌滇锡生产成本核定价格。价格决定权回到中国人自己手中本为好事，但特定情况下却又不然。由于国民政府拨充收购矿品的易货基金有限，且国外市场锡价趋于平稳，贸易分会规定的收价跟不上物价上涨速度。1939 年 10 月，每千斤锡锭（纯度 98.9%）收购价为 5200 元，土炉生产每千斤可盈余 1200 元，生产极为兴旺。1940 年 7 月，收价增至 7400 元，土炉尚勉强维持，一些生产条件较差的矿窟则大量倒闭。到 1941 年，连云南锡业公司这样拥有新式机器的企业也难以维持了。到 1944 年，个旧锡业已极度萧条。为维持个旧锡业，资委会采取了向小矿商贷款作为购锡定金，以减少通货膨胀的影响；采办食米，平价供应矿工；兴办矿工福利等措施。1944 年 8 月，资委会又与美国政府商定了以金易锡办法。双方签订的协议规定：资委会在 1944～1945 年两年内交付美国纯锡 20000 吨，美国按国际市场市价以 1 盎司黄金合 35 美元的固定比价，将锡价折合为黄金交付。由于美国国内黄金与美元的价格基本稳定，这项办法对美国并无损害，但资委会以所得黄金直接支付锡商，锡商实际所得可较以法币支付为多，这种办法虽很受欢迎，但按当时国际市价计，每吨锡可易黄金 28 两左右，扣除运费等项支出后，资委会付给锡商的仅为每吨 18 两黄金，以黑市价格计算亦仅 572000 元，而其时每吨滇锡生产成本已达 125 万元，矿商亏本达 50% 以上。1945 年 2 月收价增至每吨 23 两黄金，仍赶不上成本的增加，生产仍难于维持。因此，1944 年和 1945 年资委会在个旧收购的锡锭均不满 2000 吨。

除滇锡外，资委会锡业管制处还在广西、湖南、江西各省相继设立了锡管分处。由于这些地区锡产量甚少，管理工作也较为简单。1942 年，后方矿业普遍衰退，锡管处为谋增加产量，颁布《非常时期督导锡矿业增产办法》，规定由锡管处根据各矿现有设备状况及矿质等，核定每月最低生产额，矿商需按日报售，不得无故减产或停产，所交锡品超过定额者有奖。锡管处则从资金、机器设备、技术等方面给予帮助。由于这些省份临近战线，收效均不大。整个统制期间，锡品产购量不断下降。

 应运而生：战时的石油工业

抗战爆发后，中国海口相继沦陷，海运交通随之断绝。中国战前并无石油工业，工业及民用油（指石油及煤油）几乎全靠外国三大石油公司输入。战事一起，石油进口剧减。随着中国各海口被日军封锁，尤其是滇缅路被封锁，最后至太平洋战争爆发，中国海陆输入渠道完全断绝，石油来源亦基本断绝。

石油为现代工业的重要能源。战争尤其需要石油。中国人不得不在战时的条件下创办自己的石油工业。这条道路是艰难的，可在当时确也别无选择。

当时已探明，甘、川、新、陕四省均有石油矿（东北、台湾除外），而实际可采并已采者只甘、新、陕 3 省。其中，又以甘肃玉门油矿为著；新疆独山子矿为苏联经营，也有成绩。但新疆实际上为军阀盛世才所割据，所产石油并不接济国统区，陕西延长油矿开采历史虽长，但规模太小，产量不足以供应后方，况且又在陕甘宁边区，国统区所辖的后方根本指望不上，川省油矿正在勘探中，当时现实的出路也只有开采甘肃油矿。1938年6月在汉口设立了甘肃油矿筹备处，拉开了玉门油矿开发的序幕。

甘肃蕴藏石油，史籍早有记载。因中国科学技术落后，无力加以开发，而且并未进行详尽的勘探。当时已确定的矿区玉门地处边陲，荒漠僻壤，气候变化无常，冬季奇冷无比，战前西北公路尚未筑成，不具备起码的工业条件，但战时需油孔亟，资委会的科技人员不顾天寒地冻，筹备处主任严爽亲自带队，与地质学家孙健初、测绘人员靳锡庚和工人等8人骑着骆驼，奔赴矿区测量地形、绘制地质构造图。1939年3月13日，勘测队等不及钻机到达，即开始用人工挖掘第一号井。27日见油，日产1.5吨。5月6日，开始利用两架美制钻机钻井。值得一提的是，这两架钻机本是陕甘宁边区政府所属延长油矿的财产，由于向国外购机需费时日，资委会通过国民政府向陕甘宁边区政府商调应急。周恩来当即同意。边区政府还协助资委会装运。当时，矿区至甘新公路未筑支线，几百吨钻井设备均用牛车驮载，甚至人拉肩扛，运往工地。钻机开钻后，8月11日，即探得油层，日产原油10吨，定名为K（干油泉露头）油层。K油层距地100～300米。1939年10月孙健初写成《甘肃玉门的地质》的报告，确认该处地质是储油的良好区域，并大致勘定了矿区有油部分100余平方公里，具有重要的开采价值。1940年8月，第四井钻至439.7米时，发生强烈井喷，证明 K 油层下面还有一个蕴藏更为丰富的油层，这时，筹办处职工已陆续增至 1700 余人，运进各种机料 800 余吨，钻井 7 口，生产原油 369000 吨，提炼汽油 50000 加仑、柴油 40000 加仑、煤油 20000 加仑。同时筹备处又修筑了矿场至甘新公路的支线 30 余公里以及大量房屋、窑洞、防空洞等设施，玉门油矿已粗具规模。

玉门油矿出油消息一经传出，军政部、公路局、驻军等机关即纷纷来电来函催要汽油。于是，资委会一边抓紧筹备处工作，一边开始筹谋扩充开采的计划。为慎重起见，钱昌照等资委会主要负责人多次赶到玉门，召集国内地质专家实地勘测研究，经过反复讨论，拟订了玉门油矿两年扩充计划。但要将此开发计划付诸实施，却有许多困难。

首先，玉门地处西北荒野之中，地广人稀，交通极为不便。该地西到玉门县城 30 余公里，东至嘉峪关 80 多公里，至酒泉 100 多公里，距重庆约 2552 公里，油矿附近数十公里内均为不毛之地，开矿所用各种机械设备，大部分需取自千余公里之外。戈壁滩上的土壤，沙子太多，不能烧制砖瓦，建造较大的房屋，就得从 30 余公里之外运来泥土，从 180 公里之外运来木料。矿上职工日常所需粮食、蔬菜、生活用品大部分需从酒泉运来。扩大开采后，后勤供应问题自然更难解决。

其次，职工来源困难。扩大开采需要大量工人，但矿区周围人烟稀少。玉门全县人口不过 3 万，加上附近的酒泉、安西两县，总人口仅 17 万。其中青壮年男子不到 7 万，招募矿工极为困难，而矿上所需的技术人员则连兰州也难寻觅。

最后，油田开采需要大量机械设备，中国工业落后，西北地区更无工业基础，大部分设备都需从国外进口。

然而，更为困难的是资金筹措问题。专家们拟订的两年扩充计划要求在 1942 年 8 月达到每日产炼原油 70000 加仑的能力。依此，1940～1942 年两年内，用于国内外购料、运输、安装等方面的费用共计法币 7400 万元和美金 300 万元。从 1942 年 9 月至 1943 年 2 月，还要投资美金 150 万元，法币 3000 万元，用于扩充炼油厂。这笔费用在政府预算中所占比重并不大，自清末而入民国，政府开支向来是以军费为最，用于工业建设者极其有限。这次也不例外。

针对上述困难，资委会拟订了各项应付方案。1940 年，资委会与西北公路局签订合同，规定玉门油矿所购机料从重庆等地运往矿区时所需车辆，除该矿自有者外，不足之数由公路局负责调用。从 1940 年 9 月起，玉门油矿所产汽油除原已订约预售者外，尽先供给公路局，油价按重庆市价七折计算。此外，油矿又向国外订购了 500 辆卡车，这样，运输问题初步得以解决。

为解决工人缺乏的困难，资委会商得军政部同意，从 1941 年 4 月起，将玉门、酒泉、金塔、安西 4 县每年应征壮丁，拨给该矿充当普通工人。这些人在油矿工作，既不必远离家乡，也不用去打仗，都非常高兴，情绪相当稳定。另一方面，他们都来自社会阶层各行业，其中包括学校教员、财会、文书、铁工、木工、泥水工、裁缝、酿造工等，正为矿局孤悬戈壁滩上自成一个社会所必需。同时，矿局又在重庆、西安等处招募各种技术工人，将他们连同眷属迁往玉门。后来其中的不少人成为油矿职员和技术力量，为新中国成立后的大庆油田会战作出了相当大的贡献。著名的"铁人"王进喜就是当时玉门油矿的技工。

各种钻井、炼油设备，国内无法制造，只得向国外订购。1940年底，资委会派工程师赴美洽谈，订购当时较为先进的旋转式钻机20部（钻深能力可达千余米）和蒸馏裂化联合炼油设备一套（日炼油7万加仑），以及其他各种设备共计4500吨。在国外器材尚未运入时，先将当时江西高坑、萍乡等煤矿拆卸的采煤钻机3部和四川油矿探勘处正在使用的德制钻机紧急调运玉门济急，最重要的资金问题，被国民党政府耽搁数月后，总算批准照拨，使扩大开采的各项困难陆续解决。1941年3月，资委会撤销甘肃油矿筹备处，正式设立甘肃油矿局。

甘肃油矿局成立后，资委会调矿业专家孙越崎任总经理，孙越崎战前曾任中福煤矿公司总经理，在整顿中福煤矿的工作中作出了很大成绩。战时他兼任四川省天府、嘉阳、威远、全济四大煤矿总经理。他还曾担任过资委会陕北油矿勘探处处长，又曾留学美国研究矿冶，在洛杉矶和得克萨斯油矿实习过，具有一定的经验。孙越崎上任后，首先建立了一批由技术专家组成的指挥机构，原筹备处主任严爽任矿长，炼油厂厂长由当时后方规模最大、植物油料产量最高的动力油料厂厂长金开英担任。此外，矿局的机电、土木、财务、总务等处的主要负责人也分调专家担任。矿局还从各地调来数十名工程师、地质师等中高级技术人员。矿局每年还招收一批陕南的西北工学院和昆明的西南联大化工系的毕业生充任技术管理人员。当时除了孙越崎、矿长严爽、地质师翁文波和炼油厂厂长金开英四个人外，谁也没有实际经验，连刚刚毕业的大学生都没有见过油矿。从各地抽调来的大部分技术人员也是如此，大家只能边干边学，在实践中摸索经验。矿上对这批宝贵的技术人员也悉心照料，对青年人的生活问题尤其注意解决，使他们能在矿上安心工作，从而为中国培养出第一批石油工业的专业技术、管理人员，为我国以后石油事业的发展作出了很大贡献。

由于矿区所需物资全需从远处运入，如何保证这些物资的采购运输就成了矿局初建时的中心工作。为此，资委会将矿局设于重庆，直接管理财务及购买转运设备事宜，又在重庆设立运输处，沿途设立十几个中转站，将各种物资源源不断地运往玉门。

在孙越崎的主持下，矿局扩展工作进展顺利，只待国外机械运至矿上即可从事大规模的开发。正在此时，甘肃油矿局却遭到了一次致命的打击。

由于海口被日军封锁，矿局在美采购的机件都在仰光、腊戌等地经滇缅路运至国内。正当这些机件一部分已运至仰光、腊戌等待内运，一部分尚在太平洋运输途中时，太平洋战争爆发了。香港、仰光等地相继沦陷，甘肃油矿局虽竭力抢运，终因时间仓促，大部分机械陷于敌手。据统计，1942 年 2 月 20 日至 5 月 30 日，在仰光、腊戌、畹町等地相继沦陷时损失的钻机抽油机、卡车等共 12773 件，总重量 2077950 公斤，价值美金 700333 元；1941 年 12 月香港沦陷时损失卡车等零件价值美金 19326 元，港币 2207 元。矿局抢运入境的器件，东拼西凑成 4 架钻机，炼油设备则一点也没有运入。这些机件的丢失，给甘肃油矿局战时的扩大开采工作造成了无可挽回的损失。

首先，因在美采购机件未能运入，矿局钻机严重缺乏，不可能对甘肃境内可能储油的地区普遍凿井勘测。据估计，玉门油矿可能有油地区的面积约 100 平方公里，其中石油沟一处储量即达 15.2 亿桶。除玉门矿区外，甘肃省内西起敦煌，东至张掖、山丹、承昌一带，均有储油的可能。因钻机缺乏，只得将钻井地区限于老君庙一隅之地。甚至这一隅之地，也没有全面开采。几十口油井聚集一处，致使各井气压渐低，出油量下降。

其次，炼油厂机件全未运入。矿局虽自制一些炼油炉，终因设备皆系东拼西凑，能力极为有限。战时，玉门油矿原油产量本不甚高，但因炼油和储油设施不敷应用，还须将一些油井封闭以减少原油产量。

此外，美制炼厂是蒸馏裂化式的设备，比较先进，不仅炼油能力远高于自制釜式蒸馏式的炼油炉，而且其从原油中提炼的汽油比例可高达 64%，并包括 4% 可供飞机使用的优质汽油。而矿局自制炼炉虽历经改进，汽油提炼成分终难超过 20%，致使大量油料弃为废物。

对上述问题，矿上的经管人员想了一些解决方法。储油设施不敷使用，孙越崎就打电报给蒋介石，请求拨给油矿 6 万个空油桶，蒋随即饬令后勤总司令部等用油单位拨给了约 3 万个空油桶。虽然拨到的空油桶多是破旧的，但经过矿上专修厂检修后，绝大部分都能用上，这就解决了贮油设备不足的问题。另外，油矿还要求来买油的单位都自带 53 加仑的空油桶，来买油时矿上即以装好的油桶与空桶交换，这样装运大为加快，用户都称便，矿上也解决了部分贮油设备不足而引起的周转问题。

油矿当时没有裂化设备，而炼油剩下的重油和油渣无法再炼成轻质油品，只得作为废物舍弃，从石油河里流走。该矿技术员工研制出一种烧这些废品油的炉子。因油矿地处祁连山北麓，纬度、海拔均高，一年中有半年冰冻。最初矿区取暖、做饭、烧水所需燃料，都从西边几十公里以外自开小煤窑，用骆驼骡马运回矿区。发明了烧废品油的炉子，既利用了本矿的资源，减少了浪费，又不必再去远处开小煤窑，节省了开煤窑的费用，特别是节省了一笔运费。这些临时措施和小发明，减轻了一些油矿的生产成本。但是对于诸如钻机不足和缺乏先进的炼油设备等困难，油矿终归是无能为力。

在美采购机件之所以未能及时运入国内，很重要的一个原因是国民党政府官僚政治的腐败和内部的牵制。玉门油矿计划拟订后，财政部长孔祥熙以国帑空虚为由，反对批准这一计划，并在行政院会议上决议招商承办，实际等于不办，后经资委会力争，计划虽获批准，时间已耽搁了好几个月。战时局势瞬息万变，这一耽搁便错过了大好时机，以致所有机件，几乎全数沦丧，如果能及早批准拨款，大部分机件均可在太平洋战争爆发前运抵国内。不得已，矿局只得自行设计了一些较为简单的炼炉。向重庆的工厂订购了普通车床、水泵、油泵、炼油釜闸门等配件，从各地搜购由沦陷区拆迁来的和由重庆江北自来水厂拆下的各种管子、马达等，千里迢迢运往矿区。打井用的水泥、重晶石等，也由重庆运往矿区。矿局人员风尘仆仆，奔走于后方 10 省。运输路线南起云南昆明，北迄新疆乌苏，运输距离最长时竟超过 5000 公里。经过全矿职工的努力，终于勉强制成了一批代用机械。矿局生产规模逐渐扩大，油品质量也有所提高。整个抗战期间，矿局历经日机轰炸、火灾、水灾等种种劫难，还是取得了不小的成绩。从 1939 年至 1945 年的 7 年间，玉门油矿共钻井 61 口，其中 1 口达 900 米，其余均在 500 米左右，更有浅至 200 余米之井。原油产量共约 8000 万加仑。抗战结束时，炼油厂已能日炼原油 50000 加仑，7 年中共产汽油 1400 万加仑，煤油 500 万加仑，柴油近 80 万加仑，还生产了一些石蜡等副产品。

这些油料中，汽油绝大部分供西北公路局所用，一部分配售西北地区军事机关。煤油、柴油在西北地区销路较窄，则销往重庆等后方重要城市。由于矿区远离西南，运费极巨，矿局成立了皮筏运输队，利用甘肃传统的交通工具羊皮筏办理从广元到重庆长1400多公里的油料运输。羊皮筏一次可载油料30多吨，比汽车运输节省运费80%，且较为安全、方便。

玉门油矿战时之所以能取得一些进展，还同矿局注重职工福利事业有一定的关系。玉门地区工作生活条件极为艰苦，为保证职工安心工作，矿局除尽可能保证职工柴米油盐等生活必需品的供应和职工宿舍住房外，还设立了商店、医院、员工子弟学校、俱乐部、戏院等种种生活、娱乐设施。1943年起，矿局又兴办了农场，移植蔬菜，饲养牛羊，供售厂矿，并大量移植树苗。经过数年努力，矿区已成为塞上荒原上的一个小都市。这些福利措施，鼓舞了油矿员工的积极性。1942年，在全体员工的努力下，生产汽油达180万加仑。这在当时是非常不容易的。1939～1945年7年的时间，玉门汽油生产总量也才1400万加仑。

矿局成立后，原油和油料产量增长较快，销路也极旺，但液体燃料管理委员会核定的油价远远赶不上通货膨胀的速度。因而，矿局历年获利极微。1940～1945年，矿局账面利润总额仅9600余万元，折合战前币值仅18万元。矿局无法利用自身积累扩大生产，为加紧开采出油，资委会投入了巨额资本。1938～1945

年，资委会石油事业投资总额达 1178 万元（战争币值），其中，玉门油矿一家即达 1030 万元，约占总额的 87%。从主要服从战时需要这个意义上讲，玉门油矿可以说是中国的"国策"企业。

抗战期间，甘肃油矿局除本身不断扩大经营外，还一度接办新疆独山子油矿。该矿原系新疆省政府与苏联政府合办。1939 年出油，矿上设备均从苏联运来。苏联派来 100 多名技术人员在矿上工作。1942 年，德国全面侵苏，苏联国内局势紧张，盛世才又转而反苏表示愿意服从国民政府领导，翁文灏受蒋介石之命，专程赴新疆与盛世才商洽，其间也谈到了油矿之事。翁表示，可由国民政府与苏联合办，由苏联提供采炼设备及技术，"在不失国家主权范围以内，凡有关生产运输、贸易各项均切实与苏联和衷合作"。苏方起初答应合作，以后又决定停止合作，将该矿除炼油厂设备外所有可以拆迁的机器材料及埋在地下的水管油管等，全部拆走。盛世才一再电请经济部接办该矿，经济部遂决定由甘肃油矿局接办。矿局派人赴该矿调查，经过一番交涉，苏方同意将该矿遗留的一切钻井、炼油设备等作价 170 万美元，转让给中方。1944 年 2 月 19 日，双方交涉完竣，资委会遂设乌苏油矿筹备处，派玉门油矿工程师李同昭为筹备主任，同时派了一批工程师和管理人员随同前往，并运去了一批钻井和输油器材，准备尽快恢复产油，供新疆地区使用。不料，恢复工作尚在进行，新疆局势变化，工程遂告停顿。

竭泽而渔的沦陷区矿业

七七事变后，日本对华矿业投资进入了全面扩张时期。东北作为日本侵华战争的一个基地，其矿业投资有较大的发展，1937～1945 年成立的矿业企业共有 53 家，小企业尚不包括在内，其中较大的企业有：满洲矿山会社（资本 15000 万伪满元）、东边道开发会社（资本 14000 万伪满元）、密山煤矿会社（资本 15000 万伪满元）、扎赉诺尔煤矿（资本 5000 万伪满元）和阜新煤矿（资本 5500 万伪满元）等。以主要股东身份控制这些大型矿业企业的，是日本在东北的主要国策会社——满洲重工业开发会社。先期设立的"满炭"和本溪湖煤铁等企业，在"满业"成立后，也由"满业"收买而成为它的子公司。1938 年东北的金、煤矿及其提炼工业的实收资本为 16018.8 万日元，债券 2045 万日元，以后迅速增长。1940 年实收资本为 81628.7 万日元，债券 7445 万日元；1942 年实收资本达 134303.6 万日元，债券 9470 万日元。

在关内沦陷区，日本一方面把大批矿山企业置于其控制之下，一方面又设立了一些新企业。被日本侵占的煤铁矿主要有：大同、淮南、龙烟、井陉、正丰、六河沟、寿阳、阳泉、中兴、华丰、华宝、西山、富家滩、焦作诸矿。

1938 年日本为统制华北经济而设立的华北开发会社，在矿业方面投资设有北支产金、华北矾土以及与大同煤矿有矿业关系的子公司等企业。华中振兴会社则设有华中矿业会社，上述被日军侵占的矿山企业与这两个国策会社均有关系。

这一时期日方还与中方"合办"企业，例如东洋拓殖会社于 1938 年 1 月出资 75 万日元，强迫河北省长城煤矿公司与之"合办"；（日本）山东矿业会社强迫山东省官庄煤矿与之"合办"。这种"合办"实与吞并无异，太平洋战争爆发之前，在日占区内，除了河北省开滦和门头沟两煤矿尚有英国人一席之地外，其他外国矿业资本的势力全部退出。即使开滦煤矿，日本也在 1938 年 9 月强行投资 500 万元，太平洋战事一起，日英变成交战国，开滦、门头沟两矿就都置于日本的完全控制之下了。

七七事变后，日本在关内直接投资新建的矿业企业有：河北省临榆的裕新煤矿公司，成立于 1937 年 5 月，实收资本 15 万日元，出资者为日商佐伯仙之助；冀东地区的大陆矿业株式会社，成立于 1938 年 2 月，实收资本 125 万日元；冀东地区的华北矾土矿业所，成立于 1938 年 7 月，实收资本 30 万日元，由兴中公司和长城会社出资；总会设在青岛的中华矿业株式会社，成立于 1938 年 5 月，实收资本 25 万日元；总社设在青岛的亚细亚矿业株式会社，成立于 1938 年 7 月，实收资本 50 万日元。

日本把夺占的矿山置于他们的"军管理"之下，大部分交给兴中公司具体经营，在兴中公司经营的 54 家中国企业中，计有煤矿 21 家和焦炭工厂 1 家，共 22

家，占总数的 40.7%。重要矿山中仅山西大同煤矿由
"满铁"经营，安徽淮南煤矿由三井经营。对于军管理
的矿山，日本方面为了更有利于生产和劫掠，也投下
一定的资本。据统计，到 1938 年底为止，日本对关内
夺占的煤矿投资约 397.5 万日元，支配资产额为 31532
万日元；对龙烟铁矿及石景山制铁所等四家同铁矿业
相联系的工厂共投资 1020 万日元，支配资产额为
1709.8 万日元。

日本在侵华战争期间通过各种手段掠夺了我国大
量的煤铁资源和各种稀有金属，其中大部分被掠回日
本国内，或供应日本操纵的伪满及关内的伪政权。仅
铁矿石一项，1939～1942 年，沦陷区各矿共产 1133.6
万吨，而供应日"满"的数量达 916 万吨，占总产品
额的 80% 以上。在供应日"满"量中尤以输日量居
多。1943 年中国铁矿石产量共为 482.8 万吨，日本输
回国 311.6 吨，伪满使用 54.7 万吨，合计 366.3 万吨，
日人掠回国内的占供应日"满"量的 85%。

沦陷区各矿种概况 煤：煤是日本在华矿业投资
的主要矿种。在侵华战争全面爆发之后，为维持战争
需要，日人拼命增加煤产量。在东北，1936～1941 年，
东北产煤总量从 1367 万吨增加到 2419 万吨，增加了
1052 万吨，平均每年增加 210 万吨。由于主要煤矿采
掘已入矿坑深部，而当时又缺乏深部采掘设备，
1941～1944 年煤矿总产虽在增长，但平均每年只增加
约 47 万吨。尽管如此，1944 年的总产量仍达 2559 万
吨。在沦陷区，日人所掠占的煤矿完全居于垄断地位。

153

沦陷区有的华商无法继续经营，只得将矿卖给日本人。

铁：自日俄战争后到九一八事变前，在东北，主要铁矿基本落入日人之手。九一八事变后，东北铁矿完全为日人所占有。东北铁矿多贫矿，但蕴藏量极为丰富。所产铁矿悉数为日人在东北的几大钢铁企业的原料。中日战争期间，日人在东北将所掠铁矿尽数供应日人的钢铁企业，战时的东北日人钢铁企业产量已达最高峰。

在关内，凡沦陷区铁矿亦悉数为日人占据。

其他 石油：旧中国石油矿藏的探明量还很小。清末在陕西曾开发延长油矿，成效不大。加之英美等国为了维持和发展其在中国的石油产品市场，总是宣扬中国是贫油国。当时辽宁、热河的油母页岩却已探明有较丰富的储量，仅抚顺一处，储量即达55亿吨，如以每吨含油5.5%计，即有约3亿吨原油。不过提炼成本较高。即使如此，由于石油在第二次世界大战中已成为重要能源，日人还是不惜成本地进行开采冶炼。30年代初，抚顺炼油厂每年可产重油6万桶。本溪湖和鞍山也有油母页岩矿。1934年鞍山石油生产居东北之冠，约67.5万桶，本溪湖年产2万桶。在东北，伪满政府曾着手建立一些石化工业，其中吉林人造煤油工厂等均属试验性质。战时石油需求量急剧增长，日人只得主要依靠含油量极低的油母页岩不惜成本地生产石油。在台湾西部经钻探得到部分石油，日人于1937年在高雄建立炼油厂对开采到的原油进行加工提炼，该厂于是年4月开工，每日可炼原油7000桶；日人拟在东北建造的几个炼油厂依靠台湾等地原油提炼，至投降时均未完工。

东北金矿较多，这些金矿在九一八事变后均为日人所控制。1932年后日人又在珲春、安东发现了几个金矿。

日本在东北大力发展铝和镁的生产，铝和镁是日本的飞机和汽车工业十分需要而其国内又十分缺乏的两种轻金属原料。铝是从矾土页岩中提炼出来的；镁是从菱苦土矿中提炼的。这两种矿在东北蕴藏量十分丰富。当时提炼铝和镁的技术和工艺都不成熟，提炼成本很高，但战时日本迫切需要这两种金属，所以提炼时不惜成本。为此，日人在东北建立一些企业，投入了大量资本。

从1840年到1945年百余年的时间里，中国近代矿业走过了一条荆棘之路。近代矿业，作为近代中国社会经济的一个组成部分，它的发生、发展，是有其特定历史环境的。作为中国近代矿业的第一代创业者，其初衷也不过是"内堪自立，外堪应变"，把创立近代矿业作为杜厄开源、富国强兵的一种具体手段而已。其中的有些人则敏锐地从近代矿业发生发展的过程中感觉到了在历史表象背后更为深刻的一些内容。作为他们的继承者，也就是创造近代中国矿业的第二代，一方面脚踏实地，以前所未有过的方法和手段进一步开拓进取，利用当时世界上最新的科学技术和管理方式，发展本国的矿业，另一方面从世界历史和中国近代历史的急剧变化中，看清了他们的前辈感觉到而却无法说清和无法理解的历史内在发展逻辑——"世界之势，浩浩荡荡；顺之者昌，逆之者亡"。中国民主先驱言简意赅地说出了这一点。近代中国，始终处于内忧外患之中，近代中国的矿业发展也就不可能是一帆风顺的。所幸者，百余年来，几代有识之士前赴后继，把爱国热情、先进的科学技术与严谨的学风融化为脚踏实地的实干精神和切实可行的工作方法，使中国近代矿业从无到有，在外有列强环伺，权益被掠夺，内则国事多难的环境下艰难而顽强地存在和不断发展下去，尤其在民族生死存亡之际，中国近代矿业工作者以筚路蓝缕、以启山林的精神将中国近代矿业推上了一个高峰，以实际成绩证明中国是能够走入现代历史，成为不断发展的世界历史的一个有机组成部分的。

《中国史话》总目录

系列名	序 号	书 名	作 者
物化历史系列（28种）	25	陵寝史话	刘庆柱 李毓芳
	26	敦煌史话	杨宝玉
	27	孔庙史话	曲英杰
	28	甲骨文史话	张利军
	29	金文史话	杜 勇 周宝宏
	30	石器史话	李宗山
	31	石刻史话	赵 超
	32	古玉史话	卢兆荫
	33	青铜器史话	曹淑芹 殷玮璋
	34	简牍史话	王子今 赵宠亮
	35	陶瓷史话	谢端琚 马文宽
	36	玻璃器史话	安家瑶
	37	家具史话	李宗山
	38	文房四宝史话	李雪梅 安久亮
制度、名物与史事沿革系列（20种）	39	中国早期国家史话	王 和
	40	中华民族史话	陈琳国 陈 群
	41	官制史话	谢保成
	42	宰相史话	刘晖春
	43	监察史话	王 正
	44	科举史话	李尚英
	45	状元史话	宋元强
	46	学校史话	樊克政
	47	书院史话	樊克政
	48	赋役制度史话	徐东升

系列名	序号	书名	作者
制度、名物与史事沿革系列（20种）	49	军制史话	刘昭祥　王晓卫
	50	兵器史话	杨毅　杨泓
	51	名战史话	黄朴民
	52	屯田史话	张印栋
	53	商业史话	吴慧
	54	货币史话	刘精诚　李祖德
	55	宫廷政治史话	任士英
	56	变法史话	王子今
	57	和亲史话	宋超
	58	海疆开发史话	安京
交通与交流系列（13种）	59	丝绸之路史话	孟凡人
	60	海上丝路史话	杜瑜
	61	漕运史话	江太新　苏金玉
	62	驿道史话	王子今
	63	旅行史话	黄石林
	64	航海史话	王杰　李宝民　王莉
	65	交通工具史话	郑若葵
	66	中西交流史话	张国刚
	67	满汉文化交流史话	定宜庄
	68	汉藏文化交流史话	刘忠
	69	蒙藏文化交流史话	丁守璞　杨恩洪
	70	中日文化交流史话	冯佐哲
	71	中国阿拉伯文化交流史话	宋岘

系列名	序号	书名	作者	
	72	文明起源史话	杜金鹏	焦天龙
	73	汉字史话	郭小武	
	74	天文学史话	冯时	
	75	地理学史话	杜瑜	
	76	儒家史话	孙开泰	
	77	法家史话	孙开泰	
	78	兵家史话	王晓卫	
	79	玄学史话	张齐明	
	80	道教史话	王卡	
思想学术系列（21种）	81	佛教史话	魏道儒	
	82	中国基督教史话	王美秀	
	83	民间信仰史话	侯杰	
	84	训诂学史话	周信炎	
	85	帛书史话	陈松长	
	86	四书五经史话	黄鸿春	
	87	史学史话	谢保成	
	88	哲学史话	谷方	
	89	方志史话	卫家雄	
	90	考古学史话	朱乃诚	
	91	物理学史话	王冰	
	92	地图史话	朱玲玲	

系列名	序号	书名	作者
文学艺术系列（8种）	93	书法史话	朱守道
	94	绘画史话	李福顺
	95	诗歌史话	陶文鹏
	96	散文史话	郑永晓
	97	音韵史话	张惠英
	98	戏曲史话	王卫民
	99	小说史话	周中明　吴家荣
	100	杂技史话	崔乐泉
社会风俗系列（13种）	101	宗族史话	冯尔康　阎爱民
	102	家庭史话	张国刚
	103	婚姻史话	张　涛　项永琴
	104	礼俗史话	王贵民
	105	节俗史话	韩养民　郭兴文
	106	饮食史话	王仁湘
	107	饮茶史话	王仁湘　杨焕新
	108	饮酒史话	袁立泽
	109	服饰史话	赵连赏
	110	体育史话	崔乐泉
	111	养生史话	罗时铭
	112	收藏史话	李雪梅
	113	丧葬史话	张捷夫

系列名	序号	书　名	作　者	
近代政治史系列（28种）	114	鸦片战争史话	朱谐汉	
	115	太平天国史话	张远鹏	
	116	洋务运动史话	丁贤俊	
	117	甲午战争史话	寇伟	
	118	戊戌维新运动史话	刘悦斌	
	119	义和团史话	卞修跃	
	120	辛亥革命史话	张海鹏	邓红洲
	121	五四运动史话	常丕军	
	122	北洋政府史话	潘荣	魏又行
	123	国民政府史话	郑则民	
	124	十年内战史话	贾维	
	125	中华苏维埃史话	温锐	刘强
	126	西安事变史话	李义彬	
	127	抗日战争史话	荣维木	
	128	陕甘宁边区政府史话	刘东社	刘全娥
	129	解放战争史话	汪朝光	
	130	革命根据地史话	马洪武	王明生
	131	中国人民解放军史话	荣维木	
	132	宪政史话	徐辉琪	傅建成
	133	工人运动史话	唐玉良	高爱娣
	134	农民运动史话	方之光	龚云
	135	青年运动史话	郭贵儒	
	136	妇女运动史话	刘红	刘光永
	137	土地改革史话	董志凯	陈廷煊
	138	买办史话	潘君祥	顾柏荣
	139	四大家族史话	江绍贞	
	140	汪伪政权史话	闻少华	
	141	伪满洲国史话	齐福霖	

系列名	序号	书名	作者
近代经济生活系列（17种）	142	人口史话	姜涛
	143	禁烟史话	王宏斌
	144	海关史话	陈霞飞 蔡渭洲
	145	铁路史话	龚云
	146	矿业史话	纪辛
	147	航运史话	张后铨
	148	邮政史话	修晓波
	149	金融史话	陈争平
	150	通货膨胀史话	郑起东
	151	外债史话	陈争平
	152	商会史话	虞和平
	153	农业改进史话	章楷
	154	民族工业发展史话	徐建生
	155	灾荒史话	刘仰东 夏明方
	156	流民史话	池子华
	157	秘密社会史话	刘才赋
	158	旗人史话	刘小萌
近代中外关系系列（13种）	159	西洋器物传入中国史话	隋元芬
	160	中外不平等条约史话	李育民
	161	开埠史话	杜语
	162	教案史话	夏春涛
	163	中英关系史话	孙庆

系列名	序号	书　名	作　者		
近代中外关系系列（13种）	164	中法关系史话	葛夫平		
	165	中德关系史话	杜继东		
	166	中日关系史话	王建朗		
	167	中美关系史话	陶文钊		
	168	中俄关系史话	薛衔天		
	169	中苏关系史话	黄纪莲		
	170	华侨史话	陈　民　任贵祥		
	171	华工史话	董丛林		
近代精神文化系列（18种）	172	政治思想史话	朱志敏		
	173	伦理道德史话	马　勇		
	174	启蒙思潮史话	彭平一		
	175	三民主义史话	贺　渊		
	176	社会主义思潮史话	张　武　张艳国　喻承久		
	177	无政府主义思潮史话	汤庭芬		
	178	教育史话	朱从兵		
	179	大学史话	金以林		
	180	留学史话	刘志强　张学继		
	181	法制史话	李　力		
	182	报刊史话	李仲明		
	183	出版史话	刘俐娜		
	184	科学技术史话	姜　超		

系列名	序号	书名	作者
近代精神文化系列（18种）	185	翻译史话	王晓丹
	186	美术史话	龚产兴
	187	音乐史话	梁茂春
	188	电影史话	孙立峰
	189	话剧史话	梁淑安
近代区域文化系列（11种）	190	北京史话	果鸿孝
	191	上海史话	马学强　宋钻友
	192	天津史话	罗澍伟
	193	广州史话	张　磊　张　苹
	194	武汉史话	皮明庥　郑自来
	195	重庆史话	隗瀛涛　沈松平
	196	新疆史话	王建民
	197	西藏史话	徐志民
	198	香港史话	刘蜀永
	199	澳门史话	邓开颂　陆晓敏　杨仁飞
	200	台湾史话	程朝云

《中国史话》主要编辑
出版发行人

总 策 划	谢寿光　　王　正	
执行策划	杨　群　　徐思彦　　宋月华	
	梁艳玲　　刘晖春　　张国春	
统　　筹	黄　丹　　宋淑洁	
设计总监	孙元明	
市场推广	蔡继辉　　刘德顺　　李丽丽	
责任印制	郭　妍　　岳　阳